Purple Star Astrology

幸福紫微方程式

解讀你的人生密碼

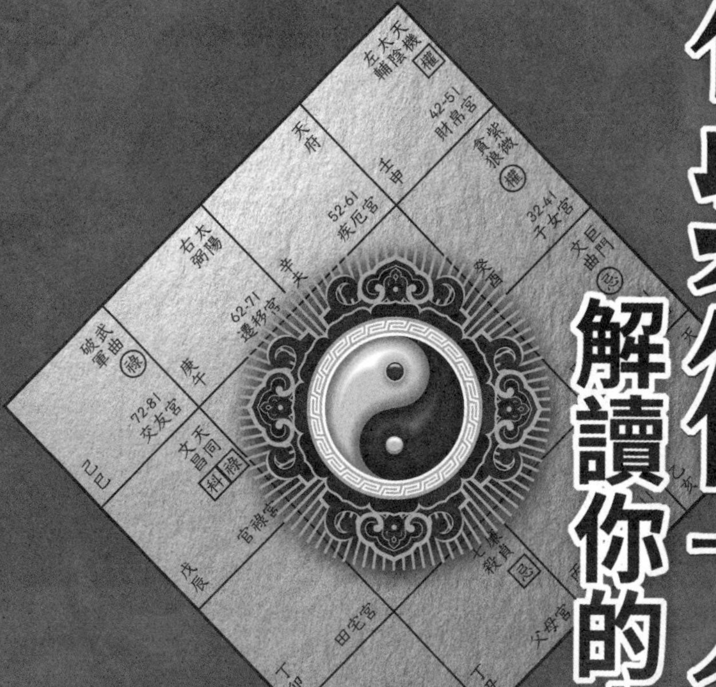

陳雨慈——著

〔序 文〕

幸福紫微方程式

你過的是你想要的人生嗎？心理學家阿德勒曾說，活出自己想要的樣子就能看淡別人對自己的評價，內心也會慢慢強大起來，並且放下自己那顆怕被別人討厭的心，然後接受自己所有的不完美。

你曾對人生有那麼一點點迷惘與質疑，該如何度過自己的人生嗎？或是想像該如何讓生活過得精彩呢？會迷惘與質疑都是因為自己在人生中設下了許多界限與框架，當你懂得找到自己的價值存在，你就能活出你所期待的生活。

在紫微斗數命盤上我們也需接受自己在某方面的不完美，這不該是人生中的缺陷，每個人都有自己該走的道路，也有每個人需去克服與面對的課題，命盤上的忌不可怕，可怕的是自己那顆執著的心，不想改變、害怕改變與害怕面對事實的心。

想過怎樣的人生，想扮演怎樣的角色，選擇權是握在自己手上，不是操控在命理師手上，曾有一本書上寫著，一位良善的命理師可以點出個案的問題，然後再進一步引導命盤主人去思考這個問題是否有另一種改變的可能性，而不是點出問題後，再拿一個更大、更沉重的框架罩住他，甚而要花錢改運消災，我非常欣賞這位命理老師說的話也非常認同，這才是學習命理幫助人的意義。

想過怎樣的人生，我們自己是有權力的，如何幸福與快樂也是可以選擇的，就看我們用怎樣的心情去面對與看待，法國雕刻家羅丹曾說：美到處都有，對於我們的眼睛不是缺少美，而是缺少發現。

的確，這個世界不是沒有美的事物，而是需要有發現美的眼睛，沒有美不美的風景，只在於有沒有美的眼睛去觀賞，最近一個學生跟我分享，她越來越喜歡命盤上的忌，我說，恭喜妳！這才是我們學習命理其中目地之一，**先懂得自我反省再做適當調整**。

忌……教會……我們很多事，沒有忌……我們永遠沒辦法從錯誤中學習成長；試著用一雙發現美的眼睛，來看待命盤上的忌，並且不懼怕紫微斗數命盤上的忌，那你將會發現存在忌裡面的美，因為一旦忌過了，迎接而來的會是豐盛的果實，在學習斗數的過程中，首先得到好處從中獲益良多的絕對會是自己。

飛星紫微斗數是一門古老流傳下來的學術，一般人會把它當祕術，先把自己設限住，認為自己一定看不懂或者沒有根器學不來，那就更別想到說要學習。我不認同也想推翻此種觀念，只要有心想做一件事，沒有做不到的事，沒有人一生下來便是天才萬事皆會，人皆是從無開始摸索學習到有，後天努力才是最重要。

朋友與學生常會問我為何想學習飛星紫微斗數？還有學習的過程？說真的，不管學習何種事物或學術，還真必須要有興趣與耐心才能持之以恆，我自認不是一個挺認真、乖乖坐在教室上課的好學生，種種不可思議的巧合，讓我半推半就的學習才有一絲絲的領悟，我也深知今後的我必須更努力，才能在這條學習紫微斗數的路上更加深入。

在還沒接觸斗數前，我也跟大家一樣，對事業、婚姻是有美麗的憧憬，夢想經常是與現實的生活是對立，種種不順反而成了我學習的助力，讓我可以用不同的角度與人分享。

以往我也認為這一門學問離我好遠，看不懂、摸不透，後來累積命盤演練加上進修心理學課程，將命盤與命主對照分析，才慢慢體會出其中的奧妙、驚覺到飛星紫微斗數的博大精深……

曾經在人生低潮時，當我想要放棄一切關上心門，老天憐憫又幫我開了另一扇窗，經歷幾番波折的我，現在的心情感受是感恩，感恩老天丟這麼多課題讓我學習，又總會帶些貴人在我身旁，協助與陪伴我共同學習面對，讓我能與更多人分享。

古人說：寵辱不驚，閒看庭前花開花落；去留無意，漫隨天上雲捲雲舒。

無論遇什麼難，生活味道都是自己決定與安排，心要保持平靜與清醒，才能細看在日常生活中所發生的每件事，並從這些發生的事件當中悟出一切道理與緣由。

會動念寫這本書，是想讓沒學過命理，單純只想了解自己有何不同與有興趣學習飛星紫微斗數的同好輕鬆學習，不會對飛星紫微斗數產生畏懼與陌生，本人知識淺薄，字字句句都以簡單輕鬆、方便了解為原則。或許會讓諸位前輩見笑，菜鳥的我只是很單純的想提供一個菜鳥在學習飛星紫微斗數的路上，曾經遇到哪些盲點？要如何度過？

而不至於放棄學習。

是否各位朋友也在平時遇到某些人或遇到某些事或某些景象，都會有一種似曾相識的感覺?是的，就是如此，所以當你對飛星紫微斗數或者八字，或者其他學科如五術，有想進一步了解時，相信我，誠懇建議你，可千萬不要放棄，這代表你在前世裡曾經探索學習過，希望你能更精進，不要可惜了!

認識自己有很多方式，而飛星紫微斗數就是其中一種方式，人生總有不如意，何不透過學習飛星紫微斗數，讓自己更了解自己的優勢在哪?透過命盤重新思索，重新幫自己定位人生的重心。

飛星紫微斗數本是先賢遺留下來的智慧學術，在紫微斗數命盤裡隱藏著修身養性玄機，巧妙帶領著我們了解人與人之間與六親相處對待關係，在這對立關係中如何尋求化解;也在命盤中看出富貴貧賤吉凶禍福，如何指導人趨吉避凶。

我想把飛星紫微斗數以簡單易懂方式，帶入我們日常生活中輕鬆簡單學，各位帥哥美女們，讓我們輕鬆學習飛星紫微斗數，讓自己更認識自己。

目錄

第三章。飛星紫微斗數該有的飛化概念……154

第一章

帶你輕鬆填上專屬於你的幸福紫微方程式

【第一節】

帶你看懂自己的命盤

請一一按照我的解說在這張空白命盤填上屬於你的人生規劃藍圖—飛星紫微斗數，然後再照著第二章節依循漸進。

首先注意自己出生時間是否在夏令節約時間內，如果是的話請把出生時間減掉一小時，然後把你的出生年月日生辰時間換算成農曆年（可參看萬年曆）。

巳宮	午宮	未宮	申宮
辰宮			酉宮
卯宮			戌宮
寅宮	丑宮	子宮	亥宮

【第二節】

如何安命宮、身宮

安命宮—由寅宮順屬月份，然後再逆數時辰，即是命宮位置所在。

例如農曆四月寅時生，從寅宮順數至第四宮宮位是巳宮，然後再從巳宮位置逆數子時、丑時、寅時（出生時辰），落在卯宮位置，所以卯宮就是命宮位置。

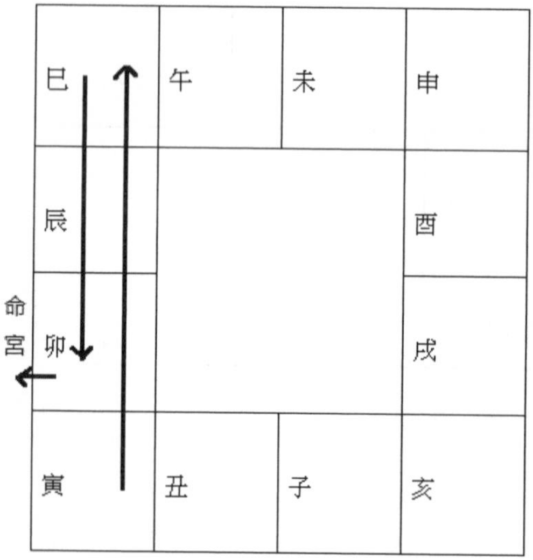

安身宮——由寅宮起順數月份，然後再順數出生時辰，即是身宮位置所在。

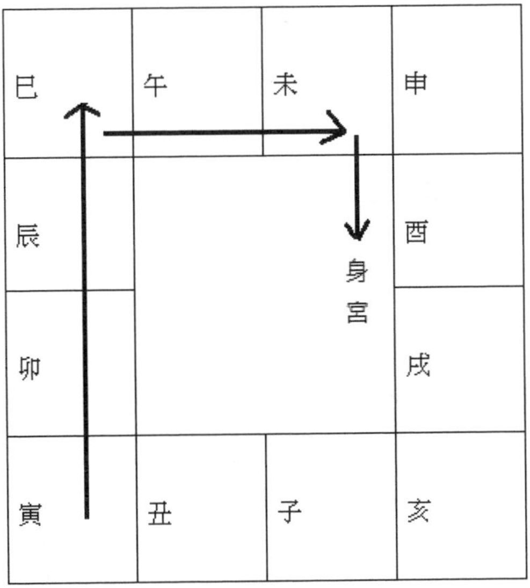

【第三節】

如何安十二宮

知道命宮位置在卯宮後，就逆時鐘方向依序排出十二宮。

巳　福德宮	午　田宅宮	未　事業宮	申　交友宮
辰　父母宮			酉　遷移宮
卯　命　宮			戌　疾厄宮
寅　兄弟宮	丑　夫妻宮	子　子女宮	亥　財帛宮

【第四節】

定十二宮天干（宮干）

1 你是庚寅年生，你的生年四化天干是庚，那就請你在十二宮格裡寅宮的位置填上「戊」宮干，並按照順時針方向，一一填上十天干，在十二宮格裡，有個較奇特的點需要注意的是子跟寅的宮位，宮干一定是相同，而丑跟卯的宮位，宮干也一定是相同。

2 你是丙辰年生，你的生年四化天干是丙，那就請你在十二宮格裡，寅宮的位置填上「庚」宮干，並按照順時針方向，一一填上十天干，其他也是以此類推……每張命盤皆是如此，沒有特殊案例喔！

地支／天干	寅	卯	辰	巳	午	未	申	酉	戌	亥	子	丑
甲或己	丙	丁	戊	己	庚	辛	壬	癸	甲	乙	丙	丁
乙或庚	戊	己	庚	辛	壬	癸	甲	乙	丙	丁	戊	己
丙或辛	庚	辛	壬	癸	甲	乙	丙	丁	戊	己	庚	辛
丁或壬	壬	癸	甲	乙	丙	丁	戊	己	庚	辛	壬	癸
戊或癸	甲	乙	丙	丁	戊	己	庚	辛	壬	癸	甲	乙

【第五節】

定五行局

方法一，以六十甲子納音求，即以命宮的干支來定五行局。如命宮干支為癸亥，納音為水，故其五行局為水二局。

方法二，對照上圖五行局表，如丁年生命宮所在位置是亥宮，便是金四局。戊年生命宮所在位置是未宮，便是火六局。如乙年生命宮所在位置在子，便是火六局。

		命宮所在地支					
		子丑	寅卯	辰巳	午未	申酉	戌亥
生年天干	甲己	水二局	火六局	木三局	土五局	金四局	火六局
	乙庚	火六局	土五局	金四局	木三局	水二局	土五局
	丙辛	土五局	木三局	水二局	金四局	火六局	木三局
	丁壬	木三局	金四局	火六局	水二局	土五局	金四局
	戊癸	金四局	水二局	土五局	火六局	木三局	水二局

水二局第一大限是2～11歲，第二大限是12～21歲，第三大限是22～31歲以此類推。

木三局第一大限是3～12歲，第二大限是13～22歲，第三大限是23～32歲以此類推。

金四局第一大限是4～13歲，第二大限是14～23歲，第三大限是24～33歲以此類推。

土五局第一大限是5～14歲，第二大限是15～24歲，第三大限是25～34歲以此類推。

火六局第一大限是6～15歲，第二大限是16～25歲，第三大限是26～35歲以此類推。

大限需注意陽男陰女採順行方向，陰男陽女是採逆行方向。

【第六節】安紫微星系

求紫微落點，例如金四局4號生，以生日除以局數，整除求得商數為1，所以紫微的落點位置便在寅宮位置。

4 巳	-7 午	-6 未	-5 申
3 辰			-4 酉
2 卯			-3 戌
紫微 1 寅	0 丑	-1 子	-2 亥

紫微星系，紫微、天機逆排，空一格，太陽、武曲、天同，空兩格廉貞位。

巳	廉貞 午	未	申
辰			天同 酉
卯			武曲 戌
紫微 寅	天機 丑	子	太陽 亥

紫微天府只有在寅宮跟申宮，是同坐在一個位置，其餘都是在對宮位置。

紫微 巳	紫微 午	紫微 未	紫微 天府 申
紫微 辰			天府 酉
紫微 卯			天府 戌
紫微 天府 寅	天府 丑	天府 子	天府 亥

天府 巳	天府 午	天府 未	紫微 天府 申
天府 辰			紫微 酉
天府 卯			紫微 戌
紫微 天府 寅	紫微 丑	紫微 子	紫微 亥

【第七節】安天府星系

例如紫微星是在寅宮，所以天府也剛好同宮，再依序順排天府、太陰、貪狼、巨門、天相、天梁、七殺，空三格破軍位。

巨門 巳	天相 午	天梁 未	七殺 申
貪狼 辰			酉
太陰 卯			戌
天府 寅	丑	破軍 子	亥

【第八節】安左輔星、右弼星、文昌星、文曲星

安左輔星，是由辰宮順推到出生月份，例如四月生，所以左輔是在未宮的位置。

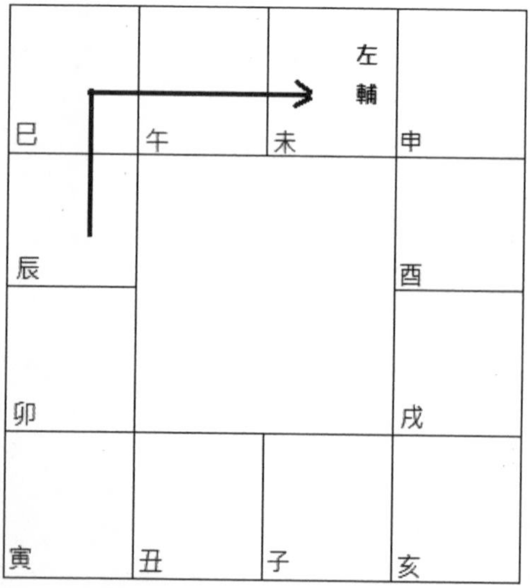

安右弼星，是由戌宮逆推至出生月份，例如四月生，所以右弼是在未宮位置。

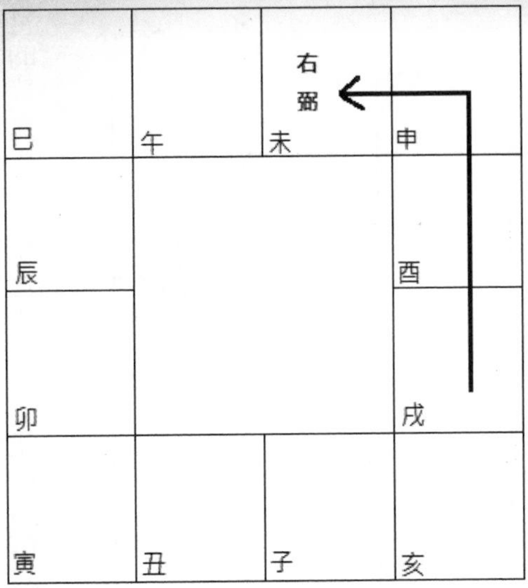

安文昌星，是由戌宮逆推至出生時，例如巳時生，由子丑寅卯辰到數到巳的位置，巳宮便是安文昌星的位置。

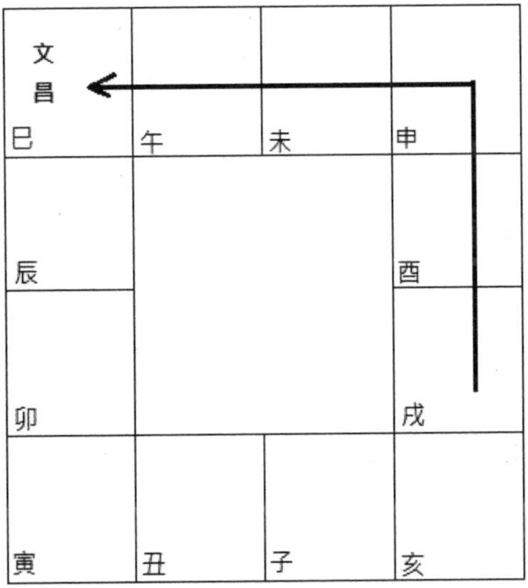

安文曲星，是由辰宮順推至出生時，例如巳時生，由子丑寅卯辰數到巳時，是在酉宮的位置，所以酉宮便是安文曲星的位置。

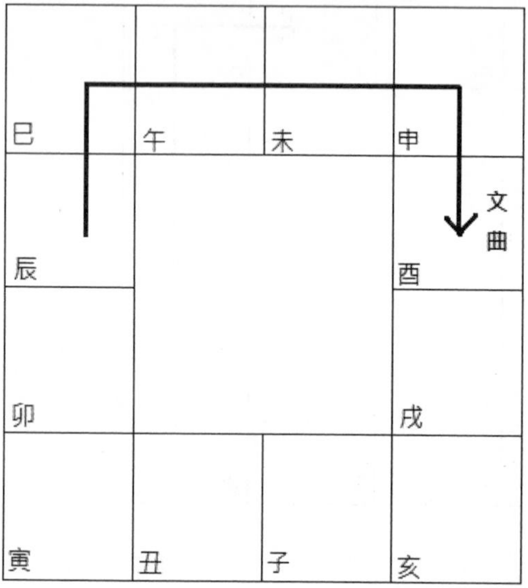

北派飛星紫微斗數只用18顆星，14顆主星加上左輔、右弼、文昌、文曲。

【第九節】

安生年四化

生年四化是以出生年天干排出，以十天干化曜表比對找出屬於自己的生年四化。

十天干化曜表

甲干:	廉貞化祿，	破軍化權，	武曲化科，	太陽化忌。	甲廉破武陽
乙干:	天機化祿，	天梁化權，	紫微化科，	太陰化忌。	乙機梁紫陰
丙干:	天同化祿，	天機化權，	文昌化科，	廉貞化忌。	丙同機昌廉
丁干:	太陰化祿，	天同化權，	天機化科，	巨門化忌。	丁陰同機巨
戊干:	貪狼化祿，	太陰化權，	右弼化科，	天機化忌。	戊貪陰右機
己干:	武曲化祿，	貪狼化權，	天梁化科，	文曲化忌。	己武貪梁曲
庚干:	太陽化祿，	武曲化權，	太陰化科，	天同化忌。	庚陽武陰同
辛干:	巨門化祿，	太陽化權，	文曲化科，	文昌化忌。	辛巨陽曲昌
壬干:	天梁化祿，	紫微化權，	左輔化科，	武曲化忌。	壬梁紫左武
癸干:	破軍化祿，	巨門化權，	太陰化科，	貪狼化忌。	癸破巨陰貪

第二章

學習飛星紫微斗數該有的基本命學常識

【第一節】

紫微斗數的由來

紫微斗數出於道家，始於呂純陽（呂洞賓），載於道藏經，宋朝陳希夷、明朝羅洪先、清朝青城道士繼續研究發揚光大，到今天才有我們所看到的紫微斗數。

紫微斗數又分南派跟北派，南派主要以三合為主，重星性、三方四正格局，北派是以飛星四化為主，重理氣。什麼是理氣呢？簡單說……飛星紫微斗數就是靠宮干飛四化，以理氣貫穿全盤，結合理、數、象三要素，對應、天、地、人三才合一論事，幫你理出全盤精髓；飛星紫微斗數四化中的化忌更是飛化的精髓所在。

南北派又各自衍生出許多派別，在我個人小小觀點裡，任何派別都好，只要是正確觀念，能讓後學者輕鬆學習入門，這都是很棒的，飛星紫微斗數是一門很美的學術。

【第二節】飛星紫微斗數的基本認識

夏令時間表

日光節約時間也叫做夏令時間，由英國威廉雷特於西元一九〇八年會議中首先提出，若將時間改早，則學校機關工廠提早上課上班，一般人必早睡早起，早睡可節省燈火，但當時未被通過此議案。到了西元一九一六年歐戰期間，德國因經濟上關係，首先實行，其後奧大利等國也相繼跟進。

自民國三十四年起，我國實施日光節約時間，每年都略有更動，民國五十一年至民國六十二年期間停止使用，因國內專家學者反對此時制，會造成時間紀錄上混亂。

民國六十三年至民國六十四年及六十八年由於阿拉伯產油國家提高油價，引起能源危機，我國政府為節約能源，遂又恢復使用日光節約時間，所以在推算命盤時，可要考慮進去喔！

「日光節約時」歷年起訖日期

年代	名稱	起訖日期
民國 34 年至 40 年（西元1945～1951年）	夏令時間	5 月 1 日至 9 月 30 日
民國 41 年（西元 1952 年）	日光節約時間	3 月 1 日至 10 月 31 日
民國 42 年至 43 年（西元1953～1954年）	日光節約時間	4 月 1 日至 10 月 31 日
民國 44 年至 45 年（西元1955～1956年）	日光節約時間	4 月 1 日至 9 月 30 日
民國 46 年至 48 年（西元1957～1959年）	夏令時間	4 月 1 日至 9 月 30 日
民國 49 年至 50 年（西元1960～1961年）	夏令時間	6 月 1 日至 9 月 30 日
民國 51 年至 62 年（西元1962～1973年）		停止夏令時間
民國 63 年至 64 年（西元1974～1975年）	日光節約時間	4 月 1 日至 9 月 30 日
民國 65 年至 67 年（西元1976～1978年）		停止日光節約時間
民國 68 年（西元 1979 年）	日光節約時間	7 月 1 日至 9 月 30 日
民國 69 年起（西元 1980 年）		停止日光節約時間

五虎遁表

道家講天地人三才，以人的觀點來看這世界，地是不動的，而天體運行不止。所以地支是固定不動的，天干依循一定軌跡在變動，人居其中，命運自然會受影響，所以四化也是依宮位的天干而飛化。

飛星紫微斗數就是靠宮干飛四化，以理氣貫穿全盤，幫你理出全盤精髓，所以說四化乃是斗數用神，四化乃是化祿、化權、化科、化忌，其中的化忌更是在在四化精華，五虎遁是方便我們在寅宮位置定出宮干，每張命盤即使星曜是相同，但未必宮干是相同。

例如圖表一命盤是乙丑年生，就在寅宮位置填上「戊」宮干，而後再順時針方向，依序填上十天干。

地支 天干	寅	卯	辰	巳	午	未	申	酉	戌	亥	子	丑
甲或己	丙	丁	戊	己	庚	辛	壬	癸	甲	乙	丙	丁
乙或庚	戊	己	庚	辛	壬	癸	甲	乙	丙	丁	戊	己
丙或辛	庚	辛	壬	癸	甲	乙	丙	丁	戊	己	庚	辛
丁或壬	壬	癸	甲	乙	丙	丁	戊	己	庚	辛	壬	癸
戊或癸	甲	乙	丙	丁	戊	己	庚	辛	壬	癸	甲	乙

圖表一

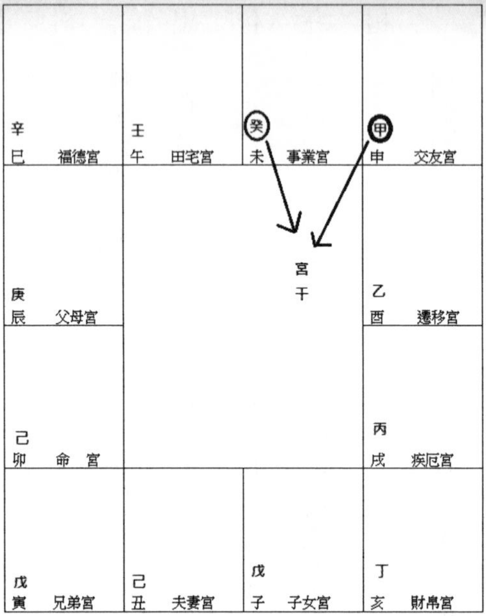

【一】十天干：甲、乙、丙、丁、戊、己、庚、辛、壬、癸。

甲、丙、戊、庚、壬屬陽天干；乙、丁、己、辛、癸屬陰天干。

陽年生男謂之陽男，陽年生女謂之陽女。

陰年生男謂之陰男，陰年生女謂之陰女。

十年大運時間會因男女出生天干的不同，產生順行與逆行的方向，命盤上陽男陰女是採順行方向，陰男陽女是採逆行方向。

【二】天干方位：甲、乙屬東方。丙、丁屬南方。戊、己屬中央。庚、辛屬西方。

壬、癸屬北方。

[三]天干五行：甲、乙屬木。丙、丁屬火。戊、己屬土。庚、辛屬金。壬、癸屬水。

[四]十二地支：子、丑、寅、卯、辰、巳、午、未、申、酉、戌、亥。

十二地支也一定是固定位置在十二宮位，按照順序順時針方向排列。如圖表二。

圖表二

巳	午	未	申
辰			酉
卯			戌
寅	丑	子	亥

〔五〕地支方位

東方（寅、卯、辰）
南方（巳、午、未）
西方（申、酉、戌）
北方（亥、子、丑）

南	南	南	西
東			西
東			西
東	北	北	北

〔六〕地支時辰

子時23點至01點　丑時01點至03點　寅時03點至05點
卯時05點至07點　辰時07點至09點　巳時09點至11點
午時11點至13點　未時13點至15點　申時15點至17點
酉時17點至19點　戌時19點至21點　亥時21點至23點

圖表三

09~11 巳	11~13 午	13~15 未	15~17 申
07~09 辰			17~19 酉
05~07 卯			19~21 戌
03~05 寅	01~03 丑	23~01 子	21~23 亥

〔七〕地支代表生肖

蛇 辛巳 福德宮	馬 壬午 田宅宮	羊 癸未 事業宮	猴 甲申 交友宮
龍 庚辰 父母宮	十二生肖跟宮位對應關係		雞 乙酉 遷移宮
兔 己卯 命宮			狗 丙戌 疾厄宮
老虎 戊寅 兄弟宮	牛 己丑 夫妻宮	老鼠 戊子 子女宮	豬 丁亥 財帛宮

子宮位置屬鼠、丑宮位置屬牛、寅宮位置屬虎、卯宮位置屬兔、辰宮位置屬龍、巳宮位置屬蛇、午宮位置屬馬、未宮位置屬羊、申宮位置屬猴、酉宮位置屬雞、戌宮位置屬狗、亥宮位置屬豬。

〔八〕五行：木、火、土、金、水。

木：（甲木）向上發展有上進心，個性堅強心地仁慈，但缺乏敏捷應變能力。

（乙木）向周圍發展有野心，對環境適應力強，外表謙虛而內心是佔有慾強，善於臨機應變，見風轉舵。

火：（丙火）個性猛烈急躁，重表現而不計得失，衝動魯莽而勞碌，心地光明熱情而無心機。

（丁火）個性溫和消極，思維細膩富同情心，為人卻多疑有心機。

土：（戊土）個性沉穩厚重，為人憨直，生活方式較為枯燥乏味。

（己土）個性內斂多才多藝，重視內涵，做事精明。

金：（庚金）個性粗獷豪爽，具俠義心腸，為人好勝愛出風頭。

（辛金）個性秀氣圓滑，重感情更重面子，有氣質卻缺乏魄力。

水：（壬水）個性樂觀外向能文能武，善於掌握機會鑽營謀略，雖聰明卻縱慾任性。

（癸水）個性平靜柔情內向，好幻想重情調，喜鑽牛角尖，但有堅忍耐性。

【九】五行相生：金生水、水生木、木生火、火生土、土生金。

【十】五行相剋：金剋木、木剋土、土剋水、水剋火、火剋金。

【十一】十天干四化表

甲干：廉貞化祿，破軍化權，武曲化科，太陽化忌。甲廉破武陽
乙干：天機化祿，天梁化權，紫微化科，太陰化忌。乙機梁紫陰
丙干：天同化祿，天機化權，文昌化科，廉貞化忌。丙同機昌廉
丁干：太陰化祿，天同化權，天機化科，巨門化忌。丁陰同機巨
戊干：貪狼化祿，太陰化權，右弼化科，天機化忌。戊貪陰右機
己干：武曲化祿，貪狼化權，天梁化科，文曲化忌。己武貪梁曲
庚干：太陽化祿，武曲化權，太陰化科，天同化忌。庚陽武陰同
辛干：巨門化祿，太陽化權，文曲化科，文昌化忌。辛巨陽曲昌
壬干：天梁化祿，紫微化權，左輔化科，武曲化忌。壬梁紫左武
癸干：破軍化祿，巨門化權，太陰化科，貪狼化忌。癸破巨陰貪

【十二】大運或大限怎麼看，是指命盤中哪個位置？

大運跟大限意思是相同，在紫微斗數命盤上，每十年便換一個大運，會因陽男陰女採順行方向與陰男陽女採逆行方向，來做區分。

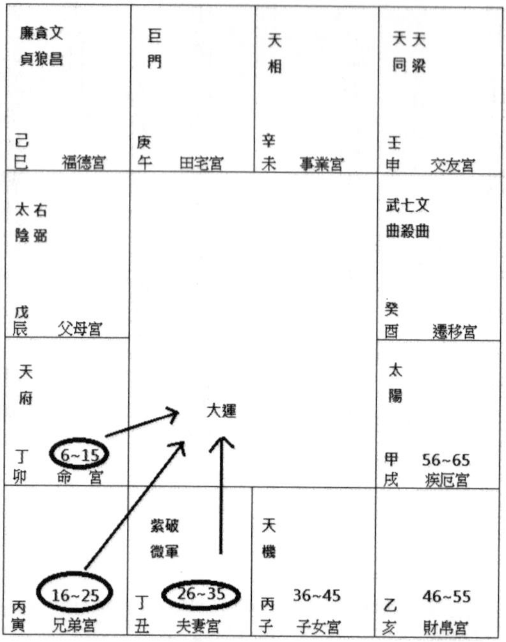

[十三] 流年怎麼看，是指命盤中哪個位置

例如：二〇一六年是丙申年猴年，生肖屬猴的位置在申宮，那我們便以這宮為流年。

二〇一七年是丁酉年雞年，生肖屬雞的位置在酉宮，那我們便以這宮為流年。

二〇一四年是甲午年馬年，生肖屬馬的位置在午宮，那我們便以這宮為流年。

簡單說，也就是今年是屬哪個生肖，我們就找出由十二生肖所在的宮位位置代表流年。

〔十四〕流月怎麼看，是指命盤中哪個位置？

每張命盤坐落寅宮位置的宮位都會有所不同，例如此張命盤寅宮位置是兄弟宮，找出二〇一六年丙申年，流年申宮位置是坐落在本命命盤交友宮，而這一宮便是流年命宮，逆時針方向，下一宮便是流年兄弟宮（本命命盤事業宮），流年兄弟宮（本命命盤事業宮）便是流年一月，流年命宮（本命命盤交友宮）便是流年二月，流年父母宮（本命命盤遷移宮）便是流年三月以此推論。

天左 同輔 丁 巳　福德宮	武天 曲府 戊 午　田宅宮	太太 陽陰 流年兄弟宮 流年一月 己 未　事業宮	貪 狼 流年二月 庚 申　交友宮
破文 軍曲 丙 辰　父母宮			天巨右 機門弼 流年三月 辛 酉　遷移宮
乙 卯　命宮			紫天文 微相昌 流年四月 壬 戌　疾厄宮
廉 貞 甲 寅　兄弟宮	乙 丑　夫妻宮	七 殺 甲 子　子女宮	天 梁 流年五月 癸 亥　財帛宮

[十五] 流日怎麼看，是指命盤中哪個位置？

當只要找出流年一月坐落在哪宮，順時針方向，下一個宮位便是一日，再往下一個宮位便是二日，以此類推。

天同 左輔 丁巳 福德宮	武曲 天府 戊午 田宅宮	太陽 太陰 流年兄弟宮 流年一月 己未 事業宮	貪狼 流年一月一日 庚申 交友宮
破軍 文曲 丙辰 父母宮			天機 巨門 右弼 流年一月二日 辛酉 遷移宮
乙卯 命宮			紫微 天相 文昌 流年一月三日 壬戌 疾厄宮
廉貞 甲寅 兄弟宮	乙丑 夫妻宮	七殺 甲子 子女宮	天梁 癸亥 財帛宮

【十六】流時怎麼看，是指命盤中哪個位置？

當找出流年一月一日坐落在哪宮，此宮位置便是子時，順時針方向，下一個宮位便是流年一月一日丑時，以此類推。

天左 同輔 丁 巳 福德宮	武天 曲府 戊 午 田宅宮	太太 陽陰 流年一月 己 未 事業宮	貪 狼 流年一月一日 子時 庚 申 交友宮
破文 軍曲 丙 辰 父母宮			天巨右 機門弼 流年一月二日 丑時 辛 酉 遷移宮
乙 卯 命宮			紫天文 微相昌 流年一月三日 寅時 壬 戌 疾厄宮
廉 貞 甲 寅 兄弟宮	乙 丑 夫妻宮	七 殺 甲 子 子女宮	天 梁 癸 亥 財帛宮

[十七] 三方怎麼看，是指命盤中哪個位置？

(一) 命三方

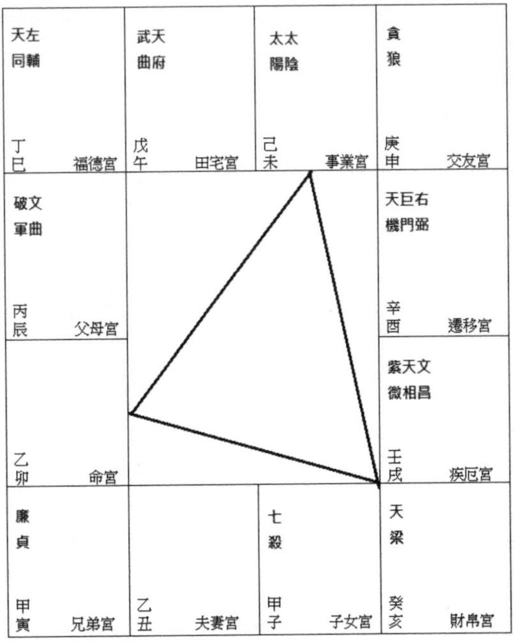

命三方是指命宮、財帛宮、事業宮。

是在告訴我們命盤主人有何獨特個性，會用何種方式在社會上生存。

對於金錢上的使用，會較注重花費在哪？或者會是大筆流失？

在事業上是從事專業技術發展，或者只想做單純的上班族呢？

（二）交友三方

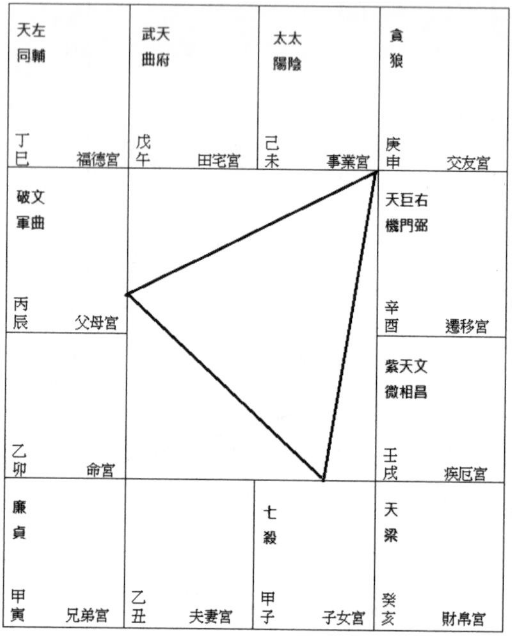

交友三方是指交友宮、父母宮、子女宮。

是顯示命盤主人修養、待人接物與處世的德行涵養位。

對朋友是會無私的付出，還是無情冷默相待，又或者是被朋友傷害。

父母對命盤主人來說，孝順是理所當然之事，是會擁有開明的雙親，還是固執己見的雙親呢？

跟晚輩小孩相處是有緣亦無緣呢？

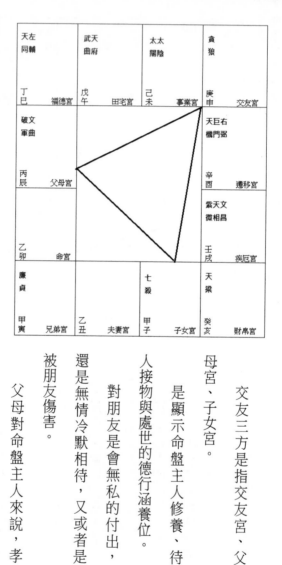

（三）田宅三方

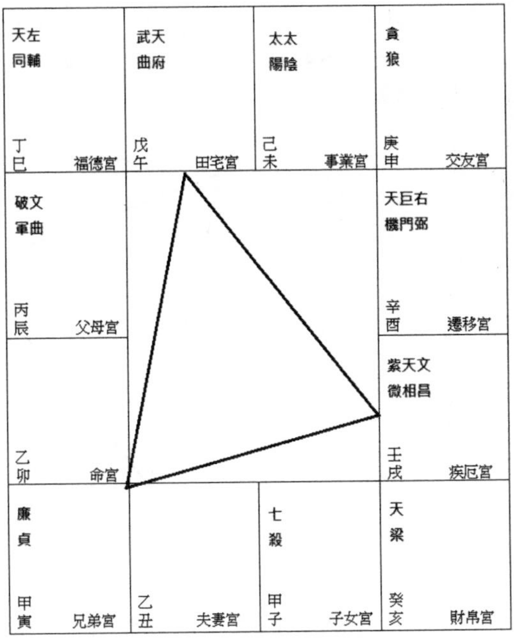

田宅三方是指田宅宮、兄弟宮、疾厄宮。

是顯示命盤主人家庭身世背景，跟兄弟與家族彼此間親情對待關係。

也是個人經濟走向、財富、健康，守成、收藏宮位。

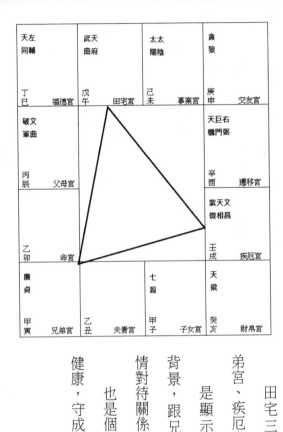

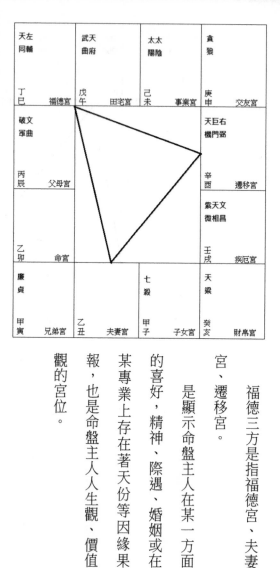

（四）福德三方

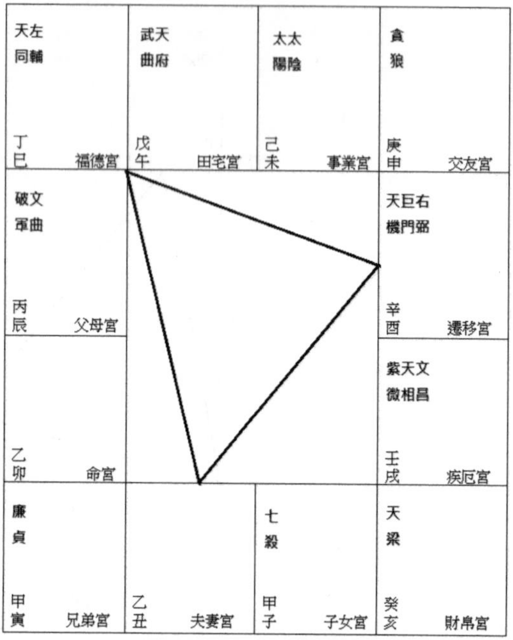

福德三方是指福德宮、夫妻宮、遷移宮。

是顯示命盤主人在某一方面的喜好，精神、際遇、婚姻或在某專業上存在著天份等因緣果報，也是命盤主人人生觀、價值觀的宮位。

貼心小提醒：

紫微斗數命盤上十二宮位又分內外宮，六內宮指命宮、財帛宮、疾厄宮、事業宮、田宅宮、福德宮，這六宮跟命盤主人較貼近並且能依照自己意思表達，屬於命盤主人本身可以控制的範圍。六外宮指兄弟宮、夫妻宮、子女宮、遷移宮、朋友宮、父母宮，這六宮雖與命盤主人也有貼切關係，卻不是命盤主人可以掌控，所以會有內外宮分別。

以上是最基本學習飛星紫微斗數都需要知道的常識。

【第三節】

飛星紫微斗數十八顆星曜

【一】紫微：

代表人物為周文王的長子，周伯邑，五行屬己土。主尊貴、舉止高雅、制化解厄。是尊貴星宿也是一顆壽星，主高價位物品，古董、珠寶鑽石、精密物品、微電腦、豪華進口轎車、高地、高樓、華夏。

只有左輔右弼為伴較能襯托紫微星，同宮最強，三方也可但力量較弱，無左輔、右弼相伴就像少了幫手策劃。

紫微在命宮：

興趣非常廣，有強烈好奇心，個性也容易善變，耳根軟，喜歡凡事由自己掌權，不喜歡被約束，自尊心強、喜歡被奉承，更在意別人眼光。

紫微在兄弟宮：

在兄弟當中會有比較有能力的人。

紫微在夫妻宮：

配偶性情會較倔強，不喜歡受到約束，在年齡上差距多較好，會較疼惜與包容對方；配偶也較有氣質，未婚者眼光高。

紫微在子女宮：

子女個性較高傲，教育小孩要把權威擺一邊，因為小孩會認為自己比你強，所以在管教上會較不容易。

紫微在財帛宮：

適合求穩定財，不主富有，會武曲天相主祿貴。

紫微在疾厄宮：

主脾胃之疾，消化不佳，胃口差。

紫微在遷移宮：

出外有威嚴易發號司令，自然散發出一股不可多得自然魅力，自然成為領導人，也容易接觸老闆級人物。

紫微在交友宮：

紫微不喜歡入交友宮，朋友皆是比自己有能力的人，若是能幫助你的便好，反之變成反效果，變成逢迎之人。

紫微在事業宮：

是官祿主，處事能獨當一面，氣度大。

紫微在田宅宮：

在家族中是代表性權威的人，在家中是需被尊重與恭維，反之會造成不睦；住的地方大或高，附近有政府機構。

紫微在福德宮：

男命貴星不宜入福德會沒雄心，因為理想高，若無法完成時內心會很痛苦，女命則宜。

紫微在父母宮：

父母較有權威，思想頑固不容易溝通。

【二】天機：

代表人物為姜尚，周文王的軍師，五行屬乙木，意指智慧、禪定、冥想、哲學、命理、佛法、驛馬星、機車、眼鏡、鐵道，在身體上代表四肢，精神、神經系統。

天機在命宮：

主思想與智慧，有卓越策劃能力，智商不輸人，正面天機將聰明化為智慧，負面天機會將聰明轉為投機，反而為自己帶來麻煩。對哲學、宗教有興趣。

天機在兄弟宮：

兄弟中必有智慧之人，也會彼此緣份較薄、或少。

天機在夫妻宮：

主配偶年紀相差大，也較聰明，若化忌配偶會略帶神經質。

天機在子女宮：

也代表子女好動聰明活潑，女命若有擎羊則需注意流產現象。

天機在財帛宮：

會想投機找生財機會，喜走偏鋒，天機又是眾生財，所以金錢較會流動。

天機在疾厄宮：

會有腦神經系統與四肢方面的問題，常為疾病所困擾。若加文曲跟化忌會四肢肌肉傷硬或萎縮。

天機在遷移宮：

若有財星應向外發展，在外應對上很有一套。

天機在交友宮：

彼此往來的朋友多屬專業性人才，或精於某種學術；生活圈變動較大，朋友之間較不信任。

天機在事業宮：

做事智商高，對數字很敏感，適合變動性大，可從事外務性、會計、企劃或哲學研究方面，化忌則否。

天機在田宅宮：

均難守祖業，會常搬家或居家擺設常變動，家中人員較易有爭執。

天機在福德宮：

多煩憂，興趣廣泛，但都學不精，易接近宗教，適合學五術，化忌則常轉不出來。

天機在父母宮：

本身較獨立，或很早就沒父母呵護；父母聰明、管教嚴。

［三］太陽：

代表人物為比干，紂王的忠臣。寬宏大量、博愛、熱情主動。五行屬丙火，主父、夫、子，主政治、驛馬、資訊、貿易、視訊、電腦，在身體上主頭、眼睛、心臟、血壓、心血管疾病。

太陽在命宮：

像陽光一樣，熱情、喜歡熱鬧，不愛計較是非，熱心助人，缺點愛表現不服輸、易衝動。女命重事業忽略家庭。

太陽在兄弟宮：

對兄弟付出，兄弟會認為理所當然。

太陽在夫妻宮：

男命會與外向活潑爽快能幹女性結緣，女命則會喜歡誠實開朗愛好運動的男性。

太陽在子女宮：

在旺地，小孩充滿朝氣，喜戶外運動，落陷反之文靜。化忌加羊陀女命應注意流產墮胎。

太陽在財帛宮：

僅代表理財能力還不錯，也主理他人之財不會有非分之想。

太陽在疾厄宮：

主心血、眼睛，火氣大，血液循環不好，注意心臟、高血壓。化忌易近視。

太陽在遷移宮：

在家待不住，喜歡往愛跑，適合求功名，不適合求財。

太陽在交友宮：

朋友皆是活動力強與豪爽，善於交際。

太陽在事業宮：

較偏向於公益事業，或服務性質工作，喜愛新鮮感，重名不重利；政治、靠電話、網路營利也皆有相關。

太陽在田宅宮：

由於是動星故會常搬遷，與太陰或左右同宮，表不動產多。

太陽在福德宮：

一生有貴人，生活節奏快，個性急躁好動，處事想法光明磊落、博愛，化忌則否。

太陽在父母宮：

主父親為人忠厚善良。

〔四〕武曲：

代表人物為周武王。五行屬辛金、正財星、財帛主，剛毅正直、主觀、寡宿（剛則孤寡），喜會貪狼（偏財星），也代表銀行、金融業，在身體上主胸、肺、鼻子、牙齒、骨骼、結石。修道星，內斂、責任感，重義氣，因不服輸個性，學東西會專精。

武曲在命宮：

多屬孝順一族，不利女命、不開朗、藏心事、認命、勞碌。男命代表有執行力勇於開創、義氣。

武曲在兄弟宮：

兄弟中會有個性激烈、偏激，或喜歡獨來獨往，不宜與兄弟合夥。

武曲在夫妻宮：

配偶性情剛烈不認輸，獨立性強、難溝通，不善情調，化忌加羊陀空劫，則家庭生活單調、相敬如冰，故宜晚婚。

武曲在子女宮：

子女個性強、會固執跟反叛，需耐心溝通管教。

武曲在財帛宮：

為財帛主坐財帛得位，一生不缺錢，做金融事業相得益彰。

武曲在疾厄宮：

注意肺部。

武曲在遷移宮：

變動性大，勞心勞力在所難免，還是適合往外發展。

武曲在交友宮：

交友快，分手也快，很難遇得到知己，跟朋友會有通財之義。

武曲在事業宮：

武曲主財，金融、財務、會計皆可，也適宜軍警、五金業。

武曲在田宅宮：

主富足，也有可能住在金融機構或派出所旁。

武曲在福德宮：

一生難清閒，只知賺錢不知享用，個性急躁且頑固。

武曲在父母宮：

標準傳統、個性穩重，家庭環境不錯，但管教甚嚴。

〔五〕天同：

代表人物為周文王，亦為益壽星。五行屬壬水。主卦理及方位學（羅盤、勘輿、陽宅學、陰宅學）、美食，化祿則主口福，餐飲業、服務業。在身體上指泌尿系統、消化系統、免疫系統、內分泌、盲腸炎。

天同在命宮：

有口福，性情溫和喜愛安靜、安逸生活、慵懶。較孩子氣，不善與人計較、無隔夜仇，脾氣發過就算。

天同在兄弟宮：

主手足間能和睦相處、互助。

天同在夫妻宮：

男命宜娶幼齒，也能娶溫和有禮、謙讓美德之賢內助。女命宜嫁老公（年老），夫妻感情和睦。

天同在子女宮：

子女貼心、易溝通、感情和睦。

天同在財帛宮：

對錢財看得較淡，能過就好。

天同在疾厄宮：

需注意腎、膀胱、泌尿系統，老年防糖尿病。

天同在遷移宮：

出外有貴人相助，且外食機會多，較安於現狀。

在交友宮：

朋友多是正直好相處之人，也能得到朋友的幫助。

在事業宮：

做事較不積極，可找工作中有吃、娛樂性、協調性質。

在田宅宮：

注重精神享受，所以會選擇有花園的別墅或娛樂場所附近。

在福德宮：

福份深厚，注重生活情趣、精神生活豐富，懂得人情世故，協調工作到家。

在父母宮：

長輩脾氣好，兩代關係良好。

〔六〕廉貞：

代表人物為費仲，紂王的奸臣。次桃花星，五行屬丁火。囚星表犯罪、奸邪、是非多爭、官非、訴訟、罰單、軍警、法律。電腦、音樂、歌舞（也是才華星）、賭、投機（偏財星），應於人身主血液、循環、代謝系統。容易婦女病（婦科多血病）、意外血光、手術、受傷、燙傷、發炎、中毒、瘤、癌、毒品。

廉貞化忌被開紅單沒得說情，在命宮、事業宮、父母宮易犯官司。

廉貞在命宮：

凡事喜歡佔上方不認輸的個性，好猜疑、好勝好辯、個性強，女命有超旺異性緣，容易遭嫉妒排擠。

在兄弟宮：

兄弟中有善於社交，性格剛強激烈，做事注重效率。

在夫妻宮：

若另一半意志薄弱，擔心容易禁不起誘惑。

在子女宮：

子女個性倔強，叛逆不受管束。

在財帛宮：

最怕投機取巧，因主橫發或橫破，入財帛不易守。

在疾厄宮：

疾病由小到大都有可能，女命要注意婦女病。

在遷移宮：

適宜往都會區、繁華地段發展，會更得人緣、有助力。

在交友宮：

容易獲得異性朋友相助，交遊廣闊人緣佳；結交朋友公職居多。

在事業宮：

可考慮以公職為優先考量，如軍警、司法有掌權性質工作，電器業也適宜。

在田宅宮：

不宜在田宅，主破敗產業，會有糾紛困擾。

在福德宮：

一生勞碌，身心無法閒，勞心勞力，只能忙中偷閒自得其樂。

在父母宮：

長輩性情難捉摸，童年時常對你發脾氣，故親子間感情淡薄。

〔七〕天府：

代表人物為姜太后，紂王的賢德妻子。五行屬戊土，好面子講究排場、有企劃組織處理財務之能力，善於調理瑣事。講究衣著（女命可能愛裁縫、打毛線、逛百貨公司），在身體上主脾、胃。也喜畜牧、養殖。

天府在命宮：

心性善良、個性敦厚、安分守己與謹慎，不會想積極求取功名，喜愛悠然自得，對學習有濃厚興趣，也喜歡照顧他人，宜女命。

在兄弟宮：

兄弟當中會有敦厚個性之人，手足情深。

在夫妻宮：

男命主太太善於理財，是溫和有禮才女，女命主夫妻情意深厚。

在子女宮：

必得孝順之子女，也多才多藝，彼此感情深厚。

在財帛宮：

理財、守財皆佳，主謀財有方，財源廣也會救濟他人。

在疾厄宮：

需注意脾胃方面的疾病。

在遷移宮：

外出得福，會有貴人相助。

在交友宮：

所交往的朋友層次較高，天府交朋友會慎選，本身也會受朋友尊重。

在事業宮：

做事謹慎精明，若非老闆也是主管格。

在田宅宮：

為田宅主，代表富裕，住高級住宅區，也可靠自己一手打拼購屋。

在福德宮：

為人知足常樂，福厚、樂觀、有定力。

在父母宮：

主長輩成就高、親情融洽。

〔八〕太陰：

代表人物為黃飛虎之妻，賈夫人。五行屬癸水。溫柔婉約、田宅主。入田宅見忌，重視金錢（田宅宮為財帛宮的共宗六位、忌入田宅為守成惜福）、房子乾淨。主驛馬、旅遊、大飯店、出租業。漂亮、化妝品、清潔用品、服飾、裝飾品、飾物、整形、美容、美髮、室內裝潢。在身體上意指皮膚、眼睛、荷爾蒙、女性月事。

太陰太陽坐同宮是勞碌命，心思易舉棋不定。

太陰在命宮：

聰明、美麗、帶有一股憂愁氣息，會自然散發出魅力，天生浪漫，喜愛美的事物。

在兄弟宮：

兄弟中會有藝術才能或地位名聲。

在夫妻宮：

利男不利女，男命得美妻，女命配夫宜年長，因先生個性柔和容易優柔寡斷。

在子女宮：

反應力敏銳，有特殊藝術天份，也很孝順。

在財帛宮：

錢財為日積月累積蓄而來，喜愛不動產勝過現金。

在疾厄宮：

需注意腎、血液、眼睛昏花。

在遷移宮：

與異性朋友較有緣接觸，會較得女性友人相助，常晚歸、具不服輸個性。

在交友宮：

老朋友和知心朋友，很多都是屬於長久深交。

在事業宮：

最適合不動產買賣，或是清潔用品、化妝品類。

在田宅宮：

像夜貓子一樣，在家常晚睡，有潔癖、會把家整理很乾淨，會有較多不動產。

在福德宮：

注重浪漫情調與氣氛。

在父母宮：

母星入此宮，會特別受母親影響。

〔九〕貪狼：

代表人物為妲己，千年狐精。五行屬甲木，主修行、修練，也主偏財星，是壽星，更是一顆大桃花星。主才藝、琴、棋、書、畫、藝術、五術（山、醫、命、相、卜），在身體主肝、腎、腳。

貪狼在命宮：

能言善道、善交際應酬，喜歡多彩多姿、熱鬧。

在兄弟宮：

會有好遊蕩沉迷酒色之人，在關係冷淡下有時會起爭執。

在夫妻宮：

主桃花多、易受外力影響，導致感情不穩定，若在天羅地網宮，便會減低其桃花色彩。

在子女宮：

喜怒哀樂情緒轉變激烈，欠缺耐性，閒不住。

在財帛宮：

會不惜代價努力掙錢，也會較貪得無厭。

在疾厄宮：

主肝膽、腎臟，女命則要注意子宮虛冷。

在遷移宮：

在外喜歡突顯自己，更喜歡新鮮刺激與交際應酬，異性緣佳。

在交友宮：

交遊廣闊，身邊皆是興趣相同（好朋友）。

在事業宮：

可從商、裝潢、理容業、公關業務性質工作。

在田宅宮：

會居住在較熱鬧的地區，或附近有派出所、餐廳或娛樂場所，或朋友常來家中應酬聚會。

在福德宮：

慾望多，無法安於現狀，重生活享受。

在父母宮：

與父母之間緣份較淡薄，聚少離多。

【十】巨門：

代表人物為馬千金，姜子牙（天機星）的元配。五行屬癸水，也主暗曜，猜忌、疑惑、是非，表口、牙齒。化忌主是非、小人、口舌、意外、車禍、邪術、西藥。

巨門在命宮：

化忌易招口舌是非，需專一學習，否則學越多越矛盾，正面會有卓越分析力，反面會是充滿獨斷和偏見；比較相信自己，肯定別人只是表面。

在兄弟宮：

彼此較沒話說，也較無法溝通。

在夫妻宮：

主配偶口才好，善爭辯易有口舌。

在子女宮：

表達能力強，心情好嘴巴甜，反之愛頂嘴。

在財帛宮：

是非之星入財，主守財不易，需勞心勞力。

在疾厄宮：

胃炎、腸炎、消化不良、牙痛。

在遷移宮：

到處得罪人，主口才好、善辯，在外則招是非。

在交友宮：

朋友群皆為三教九流，易逞口舌之快，盡量生活圈單純。

在事業宮：

以口才為業，容易從事跟口才有相關的行業。

在田宅宮：

住家附近有水溝、下水道、火車經過之鐵橋，家中易有爭執是非；可買中古屋，若化忌可買法拍屋。

在福德宮：

凡事事必躬親，遇事進退猶豫不決，疑心病慎重。

在父母宮：

有代溝、難有交集。

[十一]天相：

代表人物為聞太師，紂王（破軍星）的忠臣，化氣為印，聘書、支票、契約主官職，五行屬壬水，也是一顆雞婆星、和事佬、愛面子。

天相在命宮：

主聰明、敦厚、對人誠懇、愛打抱不平、正義感，做事較懶只負責頭不收尾。

在兄弟宮：

兄弟感情好。

在夫妻宮：

男得美妻賢慧能幹，女命丈夫有責任感，做事積極。也會經由公司同事、同學、同鄉或朋友介紹。

在子女宮：

子女誠實敦厚、喜美食、愛漂亮。

在財帛宮：

善於理財、用財，不缺錢、伸手就有。

在疾厄宮：

腎、膀胱、或由血液循環不好引起的皮膚病。

在遷移宮：

出外受歡迎，人緣好，愛管閒事是最佳公道伯。

在交友宮：

以誠信待人，可得忠誠事業夥伴，部屬忠心。

在事業宮：

理想幕僚人才，不會經常更換工作。可從事政治、律師、推銷業、服飾業、進出口貿易。

在田宅宮：

居家環境清幽雅靜。

在福德宮：

安享舒適過一生，有正義感、同情心，講究名牌美食。

在父母宮：

多熱心參與公益。

［十二］天梁：

代表人物為李天王，五行屬性是戊土，也是一顆蔭星、延壽星，主中藥，高格調住宅、高級餐廳咖啡館，老大星喜愛幫助人。

天梁在命宮：

穩重、給人印象是經驗豐富成熟，很老成樣，也較喜愛出風頭。

在兄弟宮：

主兄弟間長幼有序，相互尊重。

在夫妻宮：

男命宜娶某大姊且相當尊重老婆，女命先生喜干涉或掌管家務。

在子女宮：

主子女人小鬼大，是孩子王。

在財帛宮：

自命清高不愛錢，難為錢低頭，雖非財星但也善於理財。

在疾厄宮：

一生少病痛。

在遷移宮：

在外容易受年長貴人提拔。

在交友宮：

人際關係喜愛單純，朋友不多，重質不重量。

在事業宮：

可選擇公教職、傳播事業、中藥、農產品、代書。

在田宅宮：

主富裕、大房子。

在福德宮：

重視精神層面生活，會有長輩特別付出與關懷及祖上福蔭。

在父母宮：

本人能受長輩照顧。

〔十三〕七殺：

代表人物為黃飛虎，紂王的猛將，五行屬性是庚金，主勇猛果決，也主軍人、警察、公家機關、火車、重機械、大型五金。獨立氣概強盛，不愛他人指揮。

七殺在命宮：

一臉嚴肅、冷靜、不善表達、喜掌權；看似勇猛卻是被動需要鼓勵。

在兄弟宮：

主孤傷，兄弟人數少，若兄弟多也無益。

在夫妻宮：

對感情較阿莎力，多屬一見鍾情，難耐愛情慢跑。

在子女宮：

好動不聽話、不易教導、對父母的耐心是一大考驗。

在財帛宮：

對於錢財來得快去得也快，敢花又阿莎力。

在疾厄宮：

肺部呼吸系統、鼻竇炎。

在遷移宮：

在家待不住，在外活力十足，常會覺得錢財不夠用。

在交友宮：

任何事都不宜跟朋友合夥，知心朋友少。

在事業宮：

雖成敗起伏大，但有克服困難之才能，好投機，但還需斟酌時運。

在田宅宮：

無福份享受祖業，需白手起家。

在福德宮：

內心急躁、多操勞，逢挫折就會意志消沉。

在父母宮：

長輩個性固執、暴躁又霸道。

［十四］破軍：

代表人物為紂王暴君，主破耗，是變動星。五行屬癸水，也是一顆偏財曜，主運輸、貨櫃、倉庫、大拖車、市場、攤販、夜市。

破軍在命宮：

遇事多疑、易喜易怒、個性剛強、不喜愛被約束，喜投機、冒險，具備政治家性格。

若與他人有意見不同，則容易表現不滿意。

在兄弟宮：

兄弟無緣各自為政，發起脾氣時好像要拼命似的。

在夫妻宮：

感情好時為配偶拼命，翻起臉來也會拼命，容易有異國婚姻。

在子女宮：

叛逆性特別強，管教不易，疼小孩疼得要命，打罵起來也是要命。

在財帛宮：

主先破而後得，不可借錢給人會要不回來。

在疾厄宮：

主心臟、血液，男命注意腎虧、生殖器官，女命注意婦女病。

在遷移宮：

主奔波勞碌，對環境適應能力低。

在交友宮：

容易因朋友損財，也容易有屬下不忠的情況。

在事業宮：

表變動、起伏不定、多勞心力。

在田宅宮：

住家附近會有違章建築、河道。

在福德宮：

凡事舉棋不定，計畫一堆、無心力執行。

在父母宮：

緣薄、有代溝，家中常冷戰、欠溫暖。

〔十五〕文昌：

五行屬性辛金，主科甲、名聲、正統文學、支票、契約、注射、手術刀，聲帶、神經系統、神經質，也是一顆驛馬星，主變動。

文昌在命宮：

理解力強，外貌給人印象佳，文學才華好，擅長語言技巧，表現力卓越。

在兄弟宮：
有文藝才氣、相處融洽。
在夫妻宮：
另一半有文藝才華與藝術氣息，對事情分析能力和理解力都很優越。
在子女宮：
有文藝才氣。
在財帛宮：
賺文藝財。
在疾厄宮：
需注意肺、大腸、循環系統的問題。
在遷移宮：

本人活躍於群體之中而獲助力。

在交友宮：

容易得到朋友、部屬的幫助。

在事業宮：

因本身才華能力發揮而利於事業發展、適合管理分析、策劃，例如教師、作者、廣告。

在田宅宮：

住宅擺設也會較傾向文藝氣息。

在福德宮：

喜愛文史讀物。

在父母宮：

父母緣深，有文學修養。

〔十六〕文曲：

五行屬性癸水，主才華、說話能力，是另類文學。身體方面指神經系統、泌尿系統、女性輸卵管。

文曲在命宮：

文筆不錯、口才好、學習能力強，喜愛音樂、星相醫理。

在兄弟宮：

兄弟中有成績很好的人，彼此相處融洽。

在夫妻宮：

配偶具有多方面才華，不適宜女命。

在子女宮：

有文學及藝術才能。

在財帛宮：

主細水長流之財。

在疾厄宮：

膽小、性躁、感冒、精神不振。

在遷移宮：

在外能遇貴人。

在交友宮：

會得朋友、部屬幫助。

在事業宮：

主口才在學術上，也有些跟文昌星同。

在田宅宮：

住宅擺設有藝術氣息。

在福德宮：

喜研究命卜、哲學。

在父母宮：

緣深、口才、文學

〔十七〕左輔：

五行屬性戊土，輔佐、助善之星。

左輔在命宮：

個性敦厚、穩重、對人是無目的的慷慨，喜愛照顧他人。

在兄弟宮：

彼此會有交流、幫助。

在夫妻宮：

不喜左輔入夫會有外力干涉，無論男女對戀愛及結婚，都抱持著高度理想與盼望。

在子女宮：

子女敦厚乖巧孝順，左輔在子女對本人無助力。

在財帛宮：

會經常有錢，需加右弼同宮合論。也會從事兩種以上的事業來賺取雙份錢財。

在疾厄宮：

主脾胃不佳、腿腳浮腫。

在遷移宮：

出外會有貴人扶持，能在激烈競爭之中顯露頭角。

在交友宮：

會結交在事業上有助力的朋友。

在事業宮：

能文能武。

在田宅宮：

會有祖業。

在福德宮：

主有福、反應佳。

在父母宮：

與父母有緣，能獲幫助。

[十八] 右弼：

五行屬性癸水，助善、貴人之星

右弼在命宮：

機智、善計畫、善解人意、富同情心、幫助人是會實際行動，不是嘴巴說說。

在兄弟宮：

彼此會有交流、幫助。

在夫妻宮：

不喜右弼入夫妻，易有外力干涉。

在子女宮：

子女敦厚、隨和風趣、乖巧、孝順。

在財帛宮：

與左輔同宮會經常有錢。

在疾厄宮：

精神不振、經期不順。

在遷移宮：

出外機會增多。

在交友宮：

會結交有助力朋友。

在事業宮：

能文能武。

在田宅宮：

有祖業。

在福德宮：

主有福、機智、反應佳。

在父母宮：

與父母有緣，能獲幫助。

驛馬星：

天機星、太陽星、太陰星、文昌星、文曲星，凡有以上任一顆驛馬星入命，皆會有夜貓子習性，晚歸、晚睡。

五術星：

命理（貪狼、天機）。手面相（貪狼、天相）。堪輿（貪狼、天同、天相）。武術（貪狼、武曲）。養生術（貪狼）。醫（貪狼、天梁）。卜卦（天同、天機）。氣功（貪狼）。禪定（天機）。

【第四節】

飛星紫微斗數的十二宮位

飛星紫微斗數的十二宮位，息息相關、宮宮牽連、不能只以一個宮位單論。十二宮以命宮為首，逆時鐘方向，依序排列為兄弟宮、夫妻宮、子女宮、財帛宮、疾厄宮、遷移宮、交友宮、事業宮、田宅宮、福德宮、父母宮；順序一定是固定的，可不能依個人喜好，隨意安排想安插在哪宮前面或後面喔！

（一）命宮

是一張命盤的定點，也是命盤上的太極定位點；命宮代表一個人的思想、個性、行為、能力、舉動，這些表現也會與命盤其他宮位產生對待及利害關係，也可參佐命宮坐落哪顆星曜，是屬何種屬性，再加以推論；以田宅宮為體，命宮為走廊。

例如：命宮有紫微星，就會對任何事都抱有強烈好奇心，紫微星也是一顆帝王星，天生就有想掌管大局的志向，凡事都會想佔上方當王當老大；在有左輔、右弼星輔佐之下，理所當然是有助力，若無吉星輔佐，也只是一顆沒兵沒將的王，孤軍奮戰的孤星，也會因耳根軟，介意他人言語，而影響判斷。

例如：命宮有天機星，會有卓越的策劃能力，並對任何事都會有鑽研的精神，也會對哲學、宗教、命理產生相當濃厚興趣。

命宮有太陽星，就像太陽一樣熱情，熱心照顧人，爽快，剛強性格較適合男性，不適合女性。

命宮有武曲星，由於對事看法較為主觀，在處理事情上態度較為果斷，也因有稍微性急的缺失，當結果若不如預期的好，會導致想不開，因為在武曲星的字典裡是沒有挫折、失敗。

命宮有天同星，性格溫和、喜享受，對任何事也會有像小孩子般天真，好奇嚐鮮嘗試，也因慵懶個性，會三分鐘熱度，無法專精，屬於享樂型。

命宮有廉貞星，個性倔強，據理力爭，不把事情分個青紅皂白絕不罷休，缺點就是只會執著在自己的點，對事態度稍微性急。

命宮有天府星，多才多藝，不會想積極求取功名，只想過悠然安適生活，自得其樂自在生活，喜歡照顧周圍的人。

命宮有太陰星，對一切充滿浪漫主義，喜歡美的事物。在與人有所爭執時，不會固執己見，會樂於接收他人意見。

命宮有貪狼星，總是無法待在家中，喜歡外出遊蕩。喜愛多變化、刺激新鮮感，不愛一成不變。存在著一股誘惑異性的魅力。

命宮有巨門星，有自己獨特分析理解，對事都主觀判斷，有研究精神，卻也容易與他人有口角，引發爭端而不自知。

命宮有天相星，可能理想多卻是實踐力差。

命宮有天梁星，是喜歡照顧晚輩朋友的人，對上司也會退讓給面子，有著俠客心腸之人。

命宮有七殺星，很有韌性對抗一切磨練，也願意承擔他人困難，較不輕易在他人指揮下輕易妥協，屬於獨立型。

命宮有破軍星，若與他人在見解上意見不同，就會個性表現出強烈態度，也會想以自己的力量來面對解決問題，由於是變動星，需遠離故鄉得以成功。

以此類推，再加上命宮的飛化，肯定貼切生動。

（二）兄弟宮

1 看兄弟彼此之間緣份淺薄，有無助益。

2 現金的收藏宮，銀行存款，當兄弟宮不好，也表示銀行調度週轉有阻礙。

3 可看出事業規模的大小，因是事業宮的共宗六位。（以事業宮立太極，兄弟宮即是事業宮的疾厄宮，而疾厄宮是看工作環境的宮位。）

4 存款再加上事業規模大小，可看出一個人的成就到哪程度，所以兄弟宮又稱成就位。

5 體質位，可看出身體狀況是好跟壞，因是疾厄宮的氣數位。

6 不只是看兄弟間的關係，也是觀看父母的婚姻，母親的宮位，因為兄弟宮是父母的夫妻宮。

7 借盤看第一位男生兄弟（大哥或大弟）。

8 借盤看大女兒宮位。

9 以田宅宮為體，兄弟宮為主臥室、床位。

（三）夫妻宮

1 看感情、婚姻、另一半狀況，彼此緣份淺薄，有無助益。

2 看配偶性格、容貌、能力，顯示命主擇偶標準。

3 看少小限的借宮之位。

4 出外的運氣位，因是遷移宮的氣數位。

5 看兄弟的經濟狀況，因是兄弟的兄弟宮。

6 結婚成家的宮位，因是田宅的共宗六位。

7 以田宅宮為體，夫妻宮為廚房。

（四）子女宮

1 看子息間的緣份深淺多寡。

2 再婚對象、小老婆、桃花、外遇，也是從此宮觀看。

3 看小輩、下屬、學生與我關係位。

4 看驛馬，因是田宅宮的遷移位，也是觀看離家在外的狀況。

5 合夥位，因是交友宮的事業宮，也是觀看合夥狀況。
6 根器、善緣、福報表現位，因是福德宮的共宗六位。
7 看意外、業力病，需多忌才可構成意外事件。
8 以田宅宮為體，子女宮是入門玄關、大門外。

（五）財帛宮

1 看現金緣、行業、賺錢狀況。
2 個人的金錢觀、價值觀、理財方式，因是父母宮（品行）的共宗六位。
3 財帛宮有科，對穿著很講究。
4 看婚姻的對待關係，因是夫妻宮的夫妻位。
5 可看出父母的健康狀況，因為財帛宮是父母的疾厄宮。
6 以田宅宮為體，財帛宮是客房。

（六）疾厄宮

1 是命宮的共宗六位，也是指肉體，身體行為上的表現。
2 看身體的胖、瘦，健康狀況。
3 顯示喜、怒、哀、樂的情緒宮位。
4 顯示辦公室、工作環境、工作地方，因為是事業的田宅位。
5 顯示父母的社會關係、地位，因為是父母的遷移宮。
6 也是家運位，因為是田宅的事業宮。
7 以田宅宮為體，疾厄宮是客廳。

（七）遷移宮

1 一個人在外的處世應對、能力表現位，給人的形象與觀感。
2 顯現天份、才華、身分、地位、器宇。

3 修行人善緣、根器、智慧的提升位。
4 遠行、旅遊與意外、災難有關。
5 可看出兄弟的健康狀況，因為遷移宮是兄弟宮的疾厄宮。
6 看配偶的金錢狀況，因為遷移宮是夫妻宮的財帛宮。
7 以田宅宮為體，遷移宮是主臥室。

（八）交友宮

1 有緣接觸的人際狀況位，跟朋友之間的相處器量，待人處事的表現位。
2 看同事、朋友、同輩之間緣份深淺與助益。
3 配偶的健康狀況、情緒位，因為是夫妻的疾厄宮。
4 顯現兄弟的地位、能力、形象位。
5 看子女的金錢狀況，因為交友宮是子女宮的財帛宮。

6 看父母的工作，因為交友宮是父母宮的事業宮。

7 以田宅宮為體，交友宮是禪房、神位。

（九）事業宮

1 個人在賺錢能力、工作、行業表現方式，也是運氣位。

2 配偶的形象、能力、社會地位表現位，因為是夫妻的遷移宮。

3 婚外情的宮位（需是桃花星），因為是夫妻的遷移宮，在外面的感情。

4 顯示子女健康狀況、情緒位，因為是子女的疾厄宮。

5 以田宅宮為體，事業宮為書房。

（十）田宅宮

1 個人在家庭中相處模式，還有出身背景與居住環境。

2 財富的收藏宮，含動產、不動產、有價證券、珠寶鑽石、珍貴藝品、銀行存款一切有價物，也稱財庫位。

3 父母的嗜好與興趣位，因為田宅宮是父母的福德宮。

4 以田宅宮為體，事業宮與福德宮是左鄰右舍。

（十一）福德宮

1 個人根器、才華、修行位。

2 顯現嗜好、興趣、享受位，喜、怒、哀、樂情緒表現位。

3 金錢、慾望的表象宮位，因為是財帛的遷移宮。

4 顯現配偶的工作位，因為是夫妻的事業宮。

5 以田宅宮為體，福德宮是餐廳。

（十二）父母宮

1　看與父母、長輩、長者、上司之間相處緣份。
2　也是看個人修養、氣質、接物待人、內涵位。
3　讀書、學歷、知識、常識的學習位，一切文件的文書宮。
4　外（夫家）的家庭狀況位，因父母宮是夫妻宮的田宅宮，論結婚也需以此宮參論。
5　遷移宮的共宗六位，社會的道德規範位。
6　銀行、互助會、與人金錢往來位。
7　以事業宮而言，代表子公司。
8　以田宅宮為體，父母宮是小客廳。

貼心小提醒：

斗數排盤中，還有身宮的存在，身宮會與命宮、夫妻宮、財帛宮、遷移宮、事業宮、福德宮的其中一個宮位並列同宮，身宮在紫微斗數命盤上的特色為影響後天行為之變化，與其他宮位同宮之影響如下：

身宮與命宮同宮：

會把命宮的星性、個性、脾氣屬性加重表露無遺。

身宮與夫妻宮同宮：

會更情繫另一半，將所有心思放在另一半身上，將感情看得很重。

身宮與財帛宮同宮：

將錢財看得比什麼都重，賺錢的念頭比別人多，在後天行為上受之影響大。

身宮與遷移宮同宮：

容易受外在環境影響，也會是常在外奔波。

身宮與事業宮同宮：

在後天行為上會以事業為優先考量，會是個事業心極重之人。

身宮與福德宮同宮：

會著重在享受，是享樂主義。

【第五節】飛星紫微斗數的生年四化

生年祿：

五行屬木，是少陽、是春天。

在做事的方面代表：機緣、希望、資源、貴人、才華。

在身材的方面代表：年輕、肥胖。

在個性的方面代表：喜悅、樂觀、隨緣、自在、圓融、惰性、享受、滿足、浪漫。

在命宮：

1 一生少煩惱，衣食無憂。

2 個性通情達理，隨緣不固執、不記恨、好相處、人緣好。

3 婚姻家庭相處融洽、父母經濟不匱乏。

在兄弟宮：

1 容易兄弟多於姊妹，一生事業、金錢容易多順心，利於升遷、創業（成就位）。

2 人氣旺不寂寞、身邊不乏朋友（交友宮的遷移位），也是經濟狀況位，得生年祿經濟佳、週轉容易、即使山窮水盡也會柳暗花明。

3 兄弟姊妹情深，手足之間關係融洽，有助力。

4 跟母親的緣份也佳。

5 體質好、少病，因兄弟宮是身體（疾厄宮）的運氣位。

在夫妻宮：

1 少小限平順安穩，異性緣佳、感情早發（有桃花星易享齊人之福）。

2 配偶通情達理好商量相處，結婚後會因另一半獲福、較如意。

3 一生的工作運，也會較如意（因祿照事業宮）。

4 一生花用的金錢會較順遂，因夫妻宮是福德宮的財帛宮。

5 逢偏財星，易有投機、中獎機會。

在子女宮：

1 有子女福、小孩較不會學壞，也喜歡小孩，小輩緣厚。

2 子女聰明、能力好、有才華。

3 合夥容易賺錢，也比較有合夥機會。

4 離家機會多，也喜歡往外跑。

5 遇桃花星（貪狼星、廉貞星）易有桃花。也易有肉體上的享受愉悅，因是疾厄的福德宮（享受位）。

在財帛宮：

1 能夠自立謀生、創業賺錢，賺錢機會相對也變多。

2 與錢財有緣，有時也未必是自己賺來的，是經由長輩贈與。
3 現金緣好，較適合做銷售、業務分紅性質工作、現金來往生意。
4 在婚姻對待關係中，彼此相處融洽。

在疾厄宮：

1 容易懶散、隨遇而安、不夠積極。
2 在物質生活上也會有較優渥的條件享受。
3 也因為家庭環境佳，家運好，造就個性少操心，有好情緒。
4 本人也會好相處與好商量。
5 在身材上，也要注意會容易發胖現象。
6 父母開朗好情緒，在外人緣不錯，因疾厄是父母的遷移宮。

在遷移宮：

1 容易逢凶化吉、如意順遂、心想事成。

2 在外人緣好、出外機會也多，所以更適合朝公關、業務分紅工作。

3 若是才華星、宗教星（貪狼星、天梁星、天機星、廉貞星），代表眾生緣厚，有根器、智慧、天份。

4 但要特別注意，若是格局差，就會少了是非分明與見義勇為的魄力，而白白浪費此生年祿在遷移宮的大大好處。

5 加上有科則形象特佳，易獲好名聲。

在交友宮：

1 和善對待朋友，給人愉悅、好客。所以更容易獲得人際上的幫助，也會多交到益友。

2 因交友宮是夫妻宮的疾厄宮，所以交友宮坐生年祿，也表示配偶好相處、身材豐腴、易發胖。

3 因交友宮是兄弟宮的遷移宮，所以交友宮坐生年祿，也表示兄弟開朗、外緣不錯，在外處事順心如意。

4 父母事業平順，因交友是父母的事業宮。

在事業宮：

1 工作機會多，也容易找到自己喜歡的工作。

2 在工作上順心如意。

3 因事業宮是夫妻的遷移宮，所以也代表配偶開朗、外緣不錯。

4 易有婚外情（桃花星）。

5 對配偶不錯。

6 小孩身體健康，因為事業是子女的疾厄宮。

在田宅宮：

1 住宅環境佳，房子大與舒適，地段好、值錢，適合店、家合一。

2 與家人相處融洽，子息旺、子孫也較有出息。

3 祖上有德、宗親多往來。

4 不動產緣好，容易早置產或得助置產。

5 逢貪狼星、破軍星、廉貞星、太陰星，可從事不動產投資。

6 女命易是旺夫益子。

在福德宮：

1 個性樂觀、少計較，好情緒。

2 興趣廣、防博學而少專精，三分鐘熱度、說多做少。

3 福報好、常心想事成。

4 防滿足現狀不夠積極、散漫、依賴。

5 少有惡疾、久病的折磨。

6 適合從事興趣、旅遊、心靈、藝術、文化等工作。

在父母宮：

1 好脾氣、和顏悅色，善於表達、識大體、見多識廣。

2 學習緣好利於念書、考試、公職、證照取得。

3 長輩緣好，父母好溝通。

4 婚後可與長輩同住，因父母是婚姻（夫妻）的田宅。

5 子女事業順利，因父母是子女的事業宮。

生年權：

五行屬火，是老陽、是夏天。

在做事的方面代表：主見、企圖、積極、領導、開創、突破、自信、能力、技術性。

在身材的方面代表：結實、壯大、大的。

在個性的方面代表：果斷、強硬、自大、霸氣、強勢、佔有慾。

在命宮：

1 積極、能幹、有領導能力之才華。

2 防太過於自信，反而自以為是。

3 喜掌權、主觀、個性剛強。

4 父母經濟狀況不錯。

在兄弟宮：

1 積極利於開創事業，也容易在事業、金錢上有所成績。

2 領導能力不錯。

3 體質強健，因兄弟是疾厄的氣數位。

在夫妻宮：

1 配偶主觀意識強。

2 一生金錢多順遂，因夫妻是福德的財帛宮。

3 一生工作運強，較順心如意，因權照事業宮。

4 逢偏財星容易有投機、中獎機會。

在子女宮：

1 子息緣旺，容易合夥有成就。

2 格局好，小孩易有成就。

3 格局差，小孩個性強，不易管教。

4 適合向外發展、賺錢。

在財帛宮：

1 能力好善於經營，收入好。

2 適合業務開發、領導工作，或專業、技術性、分紅薪水。

在疾厄宮：

1 身體結實、抵抗力強。

2 比較有活力，愛運動，防跌、撞、運動傷害。

3 父親能力強，容易有成就。

4 個性較乾脆、直來直往。

在遷移宮：

1 積極、果斷、有自信、應變能力佳。

2 在外適合領導、開創，可以獨當一面，容易獲成就。

3 在外易有社會地位或高職位。

4 格局差，容易自負、不謙虛、霸氣，與人結怨。

在交友宮：

1 容易交上能力好、有所成就的朋友。

2 兄弟也有地位與成就。

3 配偶身體強壯。

4 格局好，朋友成就我。格局差，容易被朋友牽著走。

在事業宮：

1 積極開創事業，善於領導工作。

2 應變能力不錯，善於經營收入好。

3 配偶能力強，能夠獨當一面。

4 小孩身體健康，因為事業是子女的疾厄宮。

在田宅宮：

1 本身可以開拓財富，也容易創業，逢偏財曜也可從事不動產行業。

2 住家大、不動產值錢或地段好。

3 家世好、家族旺。

4 也可自家開店營利。

在福德宮：

1 積極、有自信、企圖心強、慾望高。

2 敢賺也敢花，注重物質生活，喜歡高格調享受。

3 逢偏財星容易有投機中獎機會。

4 婚後喜歡幫助配偶創業。

在父母宮：

1 容易得理不饒人、個性太倔強。

2 加忌容易草莽。

3 格局好，利於讀書、考試、公職、考證照。

生年科：

五行屬金，是少陰、是秋天。

在做事的方面代表：名聲、貴人。

在身材的方面代表：大小適中、均勻。

在個性的方面代表：斯文、謙和、秀氣、素養、內涵、商量、猶豫、做作。

在命宮：

1 長相斯文、秀氣、個性也較溫和，待人處世知情達理。

在兄弟宮：

1 兄弟中會有文質彬彬的個性。

2 本人宜上班安穩。

在夫妻宮：

1 配偶秀氣。

2 容易有藕斷絲連的感情，需注意被抓包。

在子女宮：

1 小孩長得秀氣，也較乖巧。

在財帛宮：

1 收入不高、剛好夠用，宜上班族。
2 小額週轉方便。

在疾厄宮：

1 易得良醫或良藥、身體上的貴人。
2 防優柔寡斷。
3 行為舉止斯文。

在遷移宮：

1 讓人感覺秀氣、高雅，形象好。
2 在外有貴人。
3 配偶收入穩定。

在交友宮：

1 少有不良嗜好朋友，朋友多溫文儒雅。

2 君子之交，友情綿長。

在事業宮：

1 工作上有貴人。

2 宜做文職或企劃工作。

3 在處理工作上有稍嫌憂慮過多，無魄力。

在田宅宮：

1 住家不大，但家中充滿書香氣息或簡樸。

在福德宮：

1 個性平和、有內涵、品味。

2 臨急有貴人。

在父母宮：

1 謙和、談吐斯文。

2 有氣質、修養。

生年忌：

五行屬水，是老陰、是冬天。

在做事的方面代表：收藏、守成、安定、勞碌、執著、付出、欠債。

在身材的方面代表：小的、瘦的。

在個性的方面代表：憨厚、率真、耿直、義氣、承受、固執、管束。

在命宮：

1 個性執著、固執、難溝通。

2 容易記恨、小心眼、是非不分。

3 防器量不大，少與人來往，人緣較差。

4 防糾纏宿疾、人生多阻礙。

在兄弟宮：

1 收入不高或支出多，多為上班族或現金小生意者。

2 女命容易是職業婦女。

3 兄弟易是較執著難溝通，或手足緣較薄，母親個性也較煩惱多憂。

4 容易為兄弟付出。

5 沖朋友、不大方、內斂、不愛交朋友。

6 身體氣數位，易精氣神差、床上孤單。

在夫妻宮：

1 配偶個性較固執、不容易溝通。

2 欠婚姻、感情債，防遇人不淑、要慎選對象，晚婚為宜。

3 適合上班安穩或現金事業（沖事業）。

4 切勿賭與投機。

在子女宮：

1 小孩較固執，難溝通。

2 對子女教養不得要領，小孩不聽話、沒出息。

3 自己也容易在家待不住，沖田宅。

4 容易驛馬、搬家、退財，防人生多起伏、難守成。

5 不動產少登記自己名下，因忌沖田宅宮。

6 防沉迷色慾（桃花星）。

7 防意外、病痛，晚景差，宜修心、積德，因子女是福德的共宗六位。

在財帛宮：

1 賺錢辛苦，女命易是職業婦女。

2 格局佳，小生意賺大錢、一點一滴存起、愛賺錢。

3 父母勤快。

4 親力親為，常為想賺錢而感到煩心（忌沖福德宮）

5 比較保守、節儉。

在疾厄宮：

1 勞碌不得閒，格局差、會更多煩事，防宿疾久病。

2 自我意識較濃，與人相處不夠融洽，少顧及對方感受。

3 女命容易是職業婦女。

4 父母耿直、厚道，因疾厄是父母在外的處世應對宮－遷移宮。

5 不容易發胖，若胖則要擔心身體狀況。

在遷移宮：

1 個性耿直、憨厚、內向、忘性，不可多管閒事。

2 不善察言觀色，容易實話實說，因城府淺吃虧不討好。

3 不善於穿著打扮，不注重外表，不愛熱鬧。

4 不得冒險、投機取巧。

5 防耐性不足、意志力不堅持。

6 拙驛馬、容易外出卻不易有成就，不發少年郎。

7 格局差，防意外、天不從人願。

在交友宮：

1 對朋友惜情、付出。

2 理財不得要領，不易存錢，因沖兄弟宮（庫位）

3 考運較差、不利競爭、升遷。

4 配偶勞碌，婚姻相處少情趣。

5 體質不夠健康，因沖兄弟宮（體質位）。

在事業宮：

1 工作忙碌或壓力重，工作時間長。

2 女命易是職業婦女。

3 對事專注，凡事必躬必親，老闆兼夥計。

4 配偶耿直憨厚，不善於甜言蜜語。格局差，婚姻少情趣貌合神離。

5 有桃花星，會因爛桃花而影響婚姻。

在田宅宮：

1 生活的壓力，還有對家庭的責任心重，容易生錢財慾望。

2 第一次置產也容易買二手屋。

3 守成、儉約、顧家、內斂、勤快，辛苦起家，也能守祖業，勿投機。

4 顧家難免存私心，而較少與人交際往來。

5 子息緣薄，因沖子女宮。

6 房子小或舊或環境不佳、採光差、空氣不流通，應予改善，否則運氣容易惡性循環。

7 父母辛苦起家，因田宅是父母的福德宮。

在福德宮：

1 因重享受敢花錢，而少了金錢概念。

2 適合專業性研發、設計等興趣。

3 少投機與沾染不良嗜好而沉迷。

4 容易杞人憂天、器量小。

在父母宮：

1 防脾氣快直，喜怒形於色，容易得罪人，長輩緣差。

2 表情嚴肅、不善察言觀色、不善表達。

3 父母個性固執、不好溝通。

4 讀書、考試需格外認真，很難投機取巧。

5 小心與人金錢往來，容易被倒債。

6 容易有房貸、戶籍、稅單、證件、支票、罰單等文書問題。

7 婚後較適合小家庭。

8 格局好，易是嘴巴不甜的孝子；需盡孝道，欠父母債、需幫父母分憂解勞。

【第六節】飛星紫微斗數的命宮四化

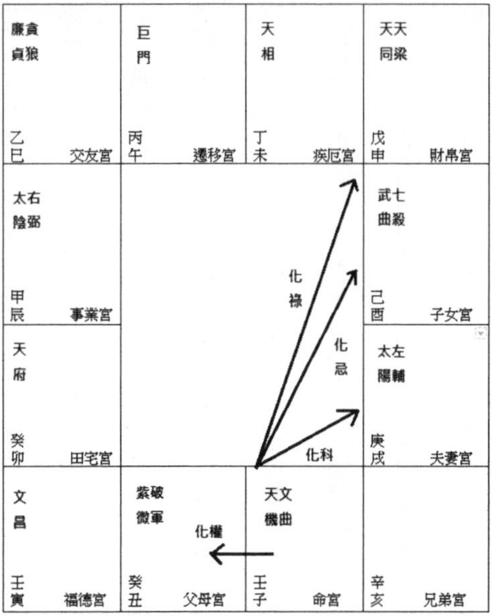

紫微斗數命盤上的命宮祿權科忌四化是在說明命盤個性取向，命宮祿權科忌的落點宮位能讓人一目了然清楚命盤主人在個性方面，會特別執著在意哪些層面，在了解生年四化以後，命宮四化是必然與必須探討的方向。

此張命盤主人，命宮宮干是壬，化天梁祿到財帛宮，化祿是有緣，化祿到財帛宮就是與錢財有緣，也會來財容易；化祿到財帛宮又藉由財帛宮戊宮干轉天機忌把祿帶回命宮，由此可見非常適合做現金生意，因為財帛宮（現金）喜歡命宮。

飛星四化邏輯，凡某宮化祿到某宮，必須轉忌到下個宮位，才能釐清來龍去脈前因後果，若不再度轉忌，怎知祿的好處是轉到哪一宮，如何追根究底；當某宮位化忌到某宮，也一樣是要再度轉忌，才能得知因為忌的力量，是要付出何種程度代價；只有化權跟化科不需轉忌，因為權跟科只是輔佐祿跟忌的力量。

此張命宮宮干是壬，化武曲忌到子女宮，化忌是一種責任與付出，化忌到子女宮位，必然是為小孩用心付出，也容易自己在家是待不住的，收入呈現不穩定、退財、不利合夥：為何會有以上諸多現象，也是因為受了忌沖田宅宮的影響。

命宮化忌到子女宮，經由子女宮己宮干又轉文曲忌回到命宮，相信絕對是欠子女債，小孩是讓命主特別掛心、擔憂，也需格外注意在合夥上會有金錢糾紛。

命宮宮干是壬，化紫微權到父母宮，個性雖有些霸氣，卻會在學習路上，特別有想要把技能學好的心；命宮宮干是壬，化左輔科到夫妻宮，對待另一半會是斯文有禮、輕聲細語。

透過以上命宮如何飛化的簡單說明，可以看出飛星紫微斗數的飛化是有邏輯性的飛化，命宮的化祿與化忌是需再度追祿與追忌才能更清楚釐清方向，找出緣由。

英國前首相邱吉爾先生曾提及，最欽佩中國人的智慧，尤其是中國人的五術命理學，給予前首相邱吉爾先生相當大的啟示，原來命乃一個人先天賦予的個性，當知道自己有哪些優點可發揮，有哪些缺點需改進，這就已經掌握改運方向，支配掌控命運。俗話說：生死有命富貴在天，即便如此還是可以經由後天的努力與低調的學習，來幫助自己跳脫命運的擺佈。

沒有與生俱來的好條件，只有懂得改變態度持續做對的事，然後讓好習慣開始塑造完美的我們，帶著我們從一隻毛茸茸的毛毛蟲，一步一步蛻變成人人喜愛的蝴蝶。

當你每天都是唉聲嘆氣，就已經把自己養成憂鬱習慣搞成憂鬱人士，養成發怒習慣就會時常怒氣沖天動不動就愛生氣，試問自己喜歡被人發脾氣嗎?當然不論問到誰，大家的回答一定是不喜歡。當你養成心情平順的習慣，你就會常笑臉迎人帶給人歡笑，也會為自己帶來意想不到的好處。

成功並非朝夕練就而成，是需要在生活中一點一滴做對的事與做好的習慣、累積而來。在轉變的過程確實是很辛苦，也會伴隨著一些失落與傷心難受，我常跟學生分享，不管學習任何事物，在學習過程中不要因為枯燥乏味，而失去一開始的初心，凡事要有歸零心態與初學者的學習態度。

【第七節】

飛星紫微斗數論事手法所運用的必要宮位

論感情：

1 以夫妻宮立太極。

2 交友宮。

3 福德宮。

4 田宅宮、父母宮、遷移宮、疾厄宮參論。

論結婚：

1 以夫妻宮立太極。

2 田宅宮。

3 父母宮。

4 福德宮、疾厄宮、交友宮參論。

5 結婚即是以飛化祿，祿是表姻緣。

論離婚：

1 以夫妻宮立太極。

2 田宅宮。

3 父母宮。

4 福德宮、疾厄宮、交友宮參論。

5 離婚即是以飛化忌，忌是表結果。

論分房、分床、分居：

1 以夫妻宮立太極。

2 交友宮（配偶的身體）。

3 疾厄宮。

4 兄弟宮（房間、床位）。

5 田宅宮、父母宮、福德宮參論。

論官非、入獄：

1 以父母宮（文書宮）立太極。

2 事業宮（運氣位、氣數位）。

3 遷移宮（福份、在外處世社會）。

4 再參論命盤中，三個情緒宮位。命宮、福德宮、疾厄宮。凡見廉貞忌入以上三宮者官非纏身，多忌成破者入獄。

論病痛：

1 以疾厄宮立太極。
2 福德宮（福報）。
3 兄弟宮（身體運）。
4 遷移宮（福運）、子女宮（福德共宗六位）參論。
5 癌症需三到四忌串聯巨門（暗曜）廉貞（毒素）。

論死亡：

1 以福德宮立太極。
2 疾厄宮（健康狀況）。
3 遷移宮。
4 田宅宮。
5 兄弟宮（身體運）、子女宮（福德宮的共宗六位）參論。
6 需彙集串聯四忌以上。

論意外、因果病：

1 以遷移宮或福德宮立太極。

2 疾厄宮。

3 子女宮。

4 兄弟宮。

定格局：

1 以田宅三方為主（收藏宮）。

2 次以福德三方為主（福份）。

3 命三方參論。

論際遇：

1 以遷移宮立太極。

2 福德宮。

3 命三方（盡人事）、交友三方（人際）。

論守成與安定：

1 以田宅三方為主（收藏宮）。

2 以命三方為輔（盡人事）。

論驛馬：

1 以遷移宮立太極。

2 疾厄宮。

3 田宅宮。

4 父母宮（遷移宮共宗六位）、子女宮（驛馬）參論。

論搬家：

1 以田宅宮立太極。

2 遷移宮（驛馬位）。

3 子女宮（驛馬位）。

4 疾厄宮（住宅運）。

論置產：

1 以田宅宮立太極。

2 財帛宮、父母宮（金錢與貸款）。

3 兄弟宮（經濟位）。

4 疾厄宮（財產運）。

5 福德宮、遷移宮參論。

論社會地位：

1 以遷移宮立太極。

2 交友宮（人際位）。

3 兄弟宮（實力位）。

論競選：

1 以遷移宮立太極。

2 交友宮（競爭位）。

3 兄弟宮（實力位）。

論升遷：

1 以父母宮立太極。

2 交友宮（競爭位）。

3 遷移宮（際遇位）。

論考試：

1 以父母宮立太極。

2 交友宮（競爭位）。

3 喜福德宮、遷移宮與父母宮祿、權交拱。

論演藝界：

1 以遷移宮立太極。（遷移亦主才華）

2 交友宮（觀眾位）。

3 福德宮（才華位）。

論子息多寡：

1 以子女宮立太極。

2 田宅宮。

3 福德宮。

論天份、根器：

1 遷移宮為主。

2 福德宮為主。

論脾氣、情緒：

1 命宮、福德宮、疾厄宮坐忌即脾氣不好，反之坐祿即脾氣好。

2 命宮、福德宮、疾厄宮化多忌入遷移宮、父母宮（形於外）則是鬧情緒、脾氣不好，讓人清楚看透。反之，化祿則是好情緒。

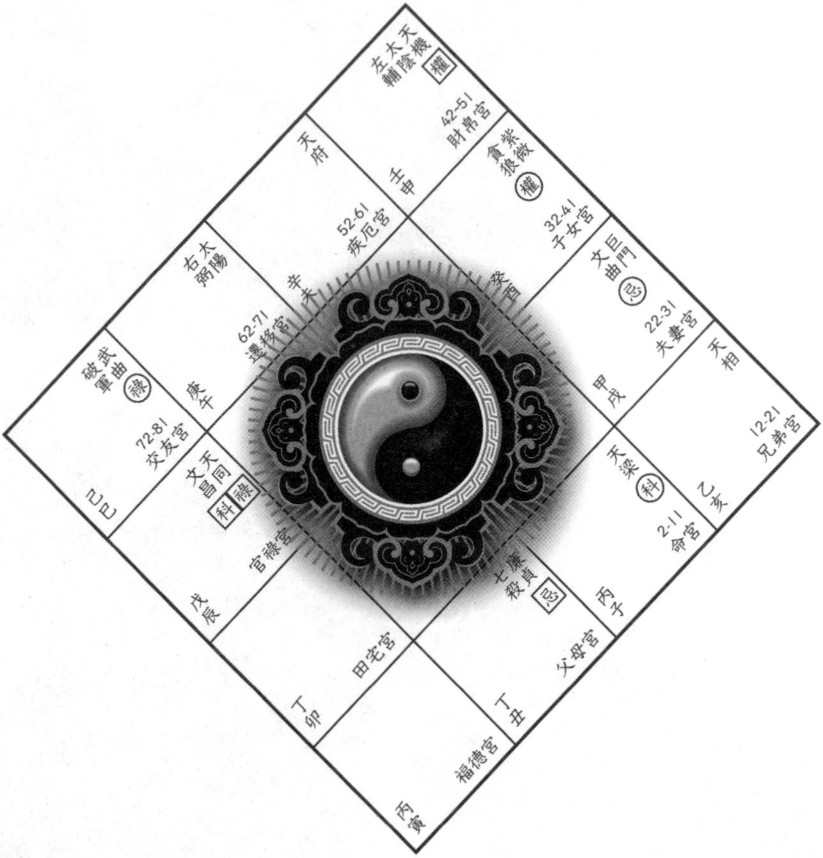
天機 權 太陰 左輔
42-51 財帛宮
壬申
天府
52-61 疾厄宮
辛未
太陽 右弼
62-71 遷移宮
庚午
武曲 祿 破軍
72-81 交友宮
己巳
天同 祿 文昌 科
官祿宮
戊辰
田宅宮
丁卯
福德宮
丙寅
廉貞 忌 七殺
父母宮
丁丑
天梁 科
2-11 命宮
丙子
天相
12-21 兄弟宮
乙亥
巨門 忌 文曲
22-31 夫妻宮
甲戌
紫微 貪狼 權
32-41 子女宮
癸酉

第三章

飛星紫微斗數該有的飛化概念

【第一節】

定盤的重要性

命盤為何要定盤呢？在拿到命盤時會做這個動作是要再次確認此張命盤跟命主是否相似，因為會有很多問題產生，比如說：命主對自己出生時辰不是很確定，也可能剛好遇到日光節約時間，又或者是很多不確定的因素等等……為了以防萬一，還是需再次跟命主比對命盤。

當拿到一張陌生命盤時，先旁敲側擊，一一比對出跟命盤主人是否有雷同現象，若列舉出諸多現象是跟命主有相像，那就能幫命主定盤，當然準確度也會相對的高。

命盤不對，後面的論事就會完全不對，也會因為一句話耽誤了人家一生，看似簡單的一句話，能讓人上天堂也是會讓人下地獄；若能幫助命盤主人找到優勢趁勝追擊得到勝利，在運勢低迷時避開難關，這何嘗不是一樁美事，也會為自己帶來福報與快樂。

【定盤】我會從生年的祿與忌，轉忌追祿、追權、追忌找出來由，再來是命宮的祿與忌，轉忌後又追祿、追權、追忌，而後又再往定格局飛化手法下手；首看福德三方、田宅三方祿權忌交會連貫美與不美，若能找出更多事件應驗命盤，當然是更美的一件事！

一張命盤沒有單純與絕對的定論與飛法，每宮皆可立太極，每宮皆是問事的方向與起點，飛星紫微斗數四化的飛化，絕不是死板板的只在某宮定點開始飛化，因為單一宮立太極就能釋出多種連貫象義，衍生出多種結果論。一張命盤不只看命盤本人，還能藉盤看出與命盤主人有緣的親屬現象，甚而專屬於自己的斗數陽宅與卜卦。

學習紫微斗數若像肚子餓外出找飯吃如此簡單明瞭，就不會有一群人像拜倒在美女石榴裙下，如癡如醉瘋迷，飛星紫微斗數就像一位美女一樣迷人，讓人總是無法忘懷，讓人廢寢忘食。我想我也中了飛星斗數的毒了，成天腦中就是如何再衍生出更生活化令人方便理解的手法與解釋，讓人更能將斗數融入生活中，開心執行自己的生命藍圖。

【第二節】善用化權的力量來為命盤加分

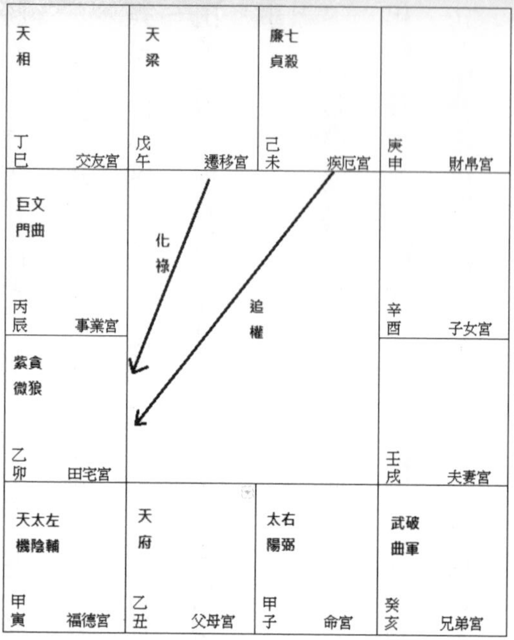

遷移宮化貪狼祿到田宅宮，可真是天生福厚天降橫福，容易得到家人幫助置產發財，也常無心插柳柳成蔭；又加上疾厄宮化同星曜貪狼權拱遷移的祿到田宅宮，會是家運興旺順利接手經營家庭事業，八方來財生意是接不完，簡直是幸運加倍。

一張命盤需要藉助化權的力量來為命盤加分，祿最愛權來拱，前提是必須同星曜。但是，在命盤上還有另外一種情況是最讓人擔心，那就是擔心化權來搗蛋讓情形更惡化，尤其是化忌最怕化權來幫忙，因為會把狀況搞砸且越幫越忙讓結果惡化！

化權代表一種能力，會有膽識與充滿企圖理想抱負，對於自己想要的目標也會積極與強烈的完成和索取。化祿存在著機會，藉由化權來提升化祿，就會更效果滿分，這就是飛星紫微斗數會令人喜愛的魅力所在。

只要懂得加加減減串聯得體，一氣呵成把整張命盤定出格局，便會越玩越順手，也祝福大家在這條學習之路會有驚喜的發現，每每看一次命盤都會有不同領悟喔！

【第三節】

飛星紫微斗數先天帶來的福氣（生年祿）與功課（生年忌）

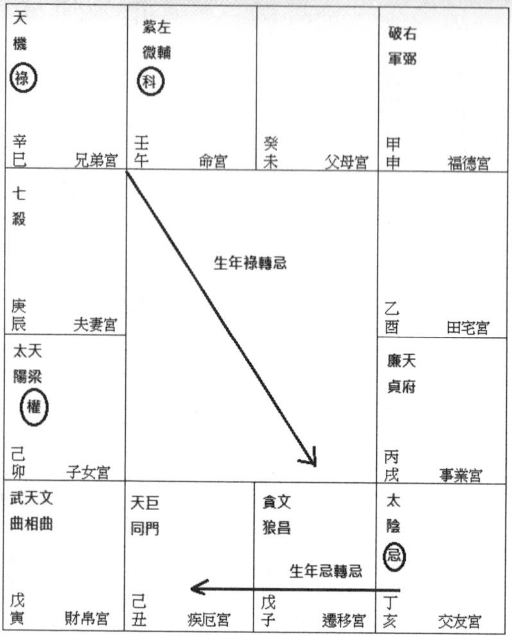

紫微斗數命盤上的生年祿不論是坐在哪個宮位，都會有福氣與較順心的現象，我們只需再多一個動作利用轉忌的方式，把這個與生俱來老天爺給我們的福氣又帶到轉忌宮位；當我們把生年祿經由轉忌，帶到下一個宮位時，此宮位也等同有生年祿的福氣。

比如說生年祿在交友宮，會待人不錯有人緣，因此也很容易得到人際上的幫助。再轉忌把生年祿帶到田宅宮，會因為朋友的助力而逐漸增置財產，家裡人氣很旺總是人來人往。

當生年忌坐在哪個宮位，這宮位便是會令命盤主人比較關注與投入，也可以說是存在著些許執著。

比如說一張命盤上生年忌坐在福德宮，當然也顯示出此人可能注重享受花錢不手軟（因財帛忌出），又因忌影響可能還會有一些嗜好，當再度轉忌到遷移宮時，個性上要稍微注意，以免壞大事。

此張命盤生年祿在兄弟宮，照理說會有兄弟之間的福份，兄弟之間也會相處融洽，藉由辛宮干轉文昌忌到遷移宮，勢必遷移宮也是有生年祿的好處，外緣好、在外會有人氣旺、受歡迎的一面。卻也因為受父母宮忌入遷移宮，兄弟宮也化忌入遷移宮沖命影響，跟命主產生不協調，凡六親宮位化忌入遷移宮，必定會跟命主產生較無緣狀態。

個性宮位福德自化權，也間接影響有時常因自身好面子，衝動行事而壞了好事；遷移宮自化祿，外緣雖好，卻自我意識濃厚，在人與人之間相處模式，少了用心相待與積極心思。

此張命盤生年忌在交友宮，對朋友付出，重視朋友之間承諾，也因忌沖兄弟宮（庫位）會捨得為朋友花錢，或理財不得要領，也不利競爭，人生多起伏，當生年忌的宮位丁宮干再度轉忌到疾厄宮，疾厄宮便等同有生年忌的力量。

生年忌在疾厄宮會多勞碌，自我意識較濃，與人相處不夠自在隨興，也較沒法周全顧及他人感受，較以自我為中心，這些現象是轉忌後的結果，也都必須列入看盤時重點。

命盤不能以一忌或一祿來判生死，還要加上多宮位的串聯釋象，論盤時都需多宮斟酌的考量，以哪宮位論，其餘11宮位還是會有間接影響的力量，這都是基本概念。

【第四節】十二宮位如何化祿轉忌

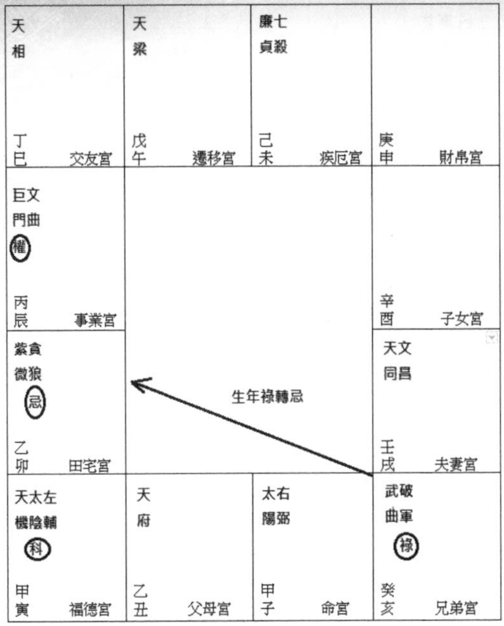

【生年祿轉忌在十二宮位的解釋】

例如：生年祿在兄弟宮轉忌到田宅宮，此時就有三種解釋象義。

1 生年祿在兄弟宮的解釋：

跟母親緣份佳，人氣旺，身邊不乏朋友，經濟狀況佳。

2 生年祿在田宅宮的解釋：

家庭和樂，物質生活優渥，不動

產緣好，住宅環境好。

3 兄弟宮祿入田宅宮的解釋：

收入佳，財富日增。

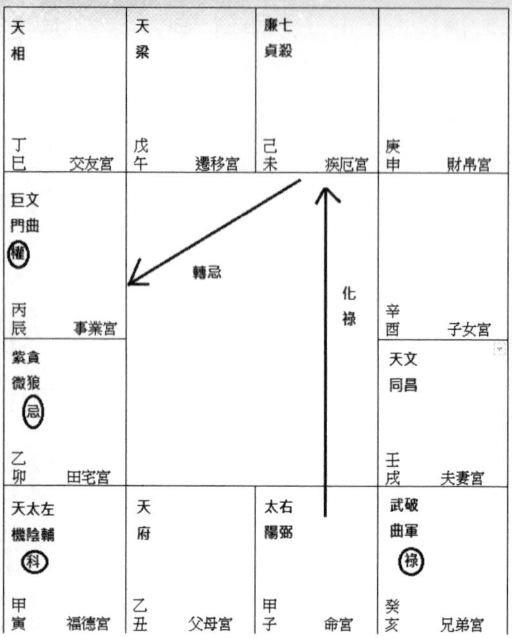

【命宮祿轉忌在其他宮位的解釋】

例如：命宮化祿到疾厄宮，轉忌到事業宮，也是有三種解釋象義。

1 命宮化祿到疾厄宮的解釋：

衣食無憂安逸，享受生活；欠缺積極動力，懶得動，易發胖。好情緒，容易相處，人緣好。

2 命宮化祿到事業宮的解釋（透過疾

厄宮）

3

樂觀，在職場上工作愉快，也滿足現狀，導致不積極。

疾厄宮化祿到事業宮的解釋：

生活條件優渥，愛享受，也因自身慵懶而導致不積極，心寬體胖不易減肥。

家運好，可經營家庭事業，店面越舒適生意就越好。

以上兩種情形在化祿轉忌的情形較特殊，是需注意的情形有三種解釋。

〔夫妻宮祿轉忌在其他宮位的解釋〕

例如夫妻宮化祿到遷移宮，轉忌到福德宮，此時只有兩種解釋。

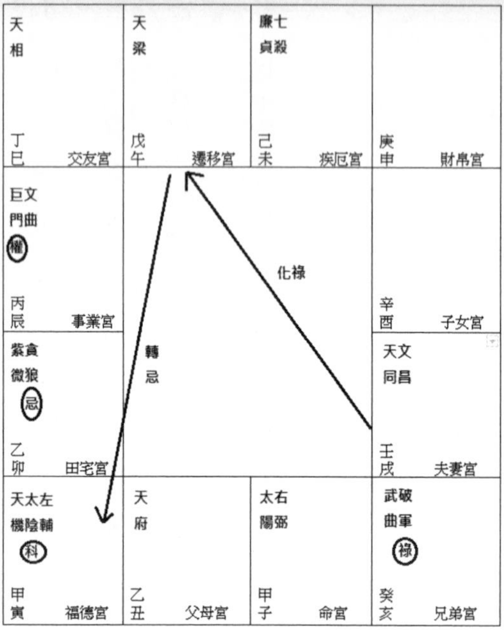

1 夫妻宮化祿到遷移宮的解釋：

配偶外緣好，婚後諸事順遂，也容易福厚，一生少擔憂金錢。防過於感性，而容易動情。在外易得到異性的庇蔭。

2 夫妻宮化祿到福德宮的解釋（透過遷移宮）：

獲異性福，婚後諸事順遂如意。異性或另一半，容易讓我心情愉快與幸福。

【遷移宮祿轉忌到其他宮位的解釋】

例如遷移宮化祿到田宅宮，轉忌到福德宮，此時只有兩種解釋。

1 遷移宮化祿到田宅宮的解釋：

易得助置產，旺家蔭宅。

天降橫福，常無心插柳柳成蔭，八方來財。

2 遷移宮化祿到福德宮的解釋（透過田宅宮）：

有福，隨緣自在，容易忘掉煩惱。

防逍遙少責任心，容易得意忘形。容易好事臨門，遇難呈祥。

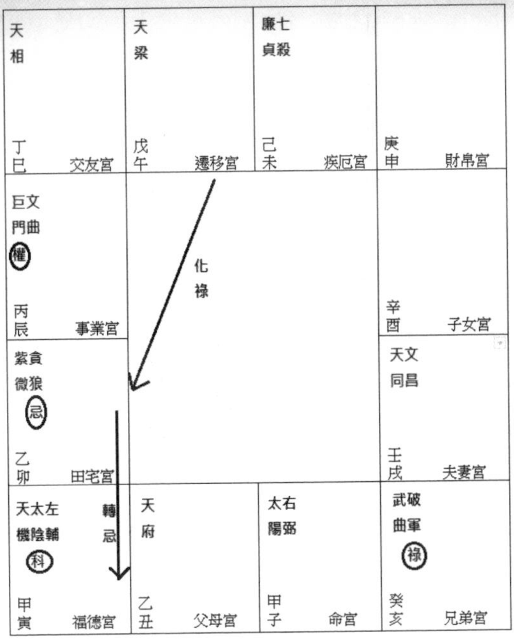

十二宮位化祿轉忌除了命宮有三種解釋外，其他十一宮皆只有兩種解釋，就像以兄弟宮跟夫妻宮的解說，以此類推。

【第五節】

十二宮位如何化忌轉忌

【生年忌轉忌在十二宮位的解釋】

例如：生年忌在田宅宮轉忌到福德宮，此時就有三種解釋象義。

1 生年忌在田宅宮的解釋：

守成、節儉、顧家、守祖業。

容易如長子般，背負家庭責任。

第一次購屋也易是二手屋。

2 生年忌在福德宮的解釋：

天相 丁巳 交友宮	天梁 戊午 遷移宮	廉貞 七殺 己未 疾厄宮	庚申 財帛宮
巨門 文曲 (權) 丙辰 事業宮			辛酉 子女宮
紫微 貪狼 (忌) 生年忌 轉忌 ↓ 乙卯 田宅宮			天同 文昌 壬戌 夫妻宮
天機 太陰 左輔 (科) 甲寅 福德宮	天府 乙丑 父母宮	太陽 右弼 甲子 命宮	武曲 破軍 (祿) 癸亥 兄弟宮

重享受，敢花錢。

容易杞人憂天，自尋煩惱。

3 田宅宮忌入福德宮的解釋：

家中會有諸多煩心的事，令人產生情緒困擾，容易在家待不住。

【命宮忌轉忌在其他宮位的解釋】

例如：命宮化忌到兄弟宮，轉忌到疾厄宮，此時就有三種解釋象義。

1 命宮化忌到兄弟宮的解釋：

個性保守，勤快，凡事一定事必躬親，不假他人之手。

女生命盤會是職業婦女。

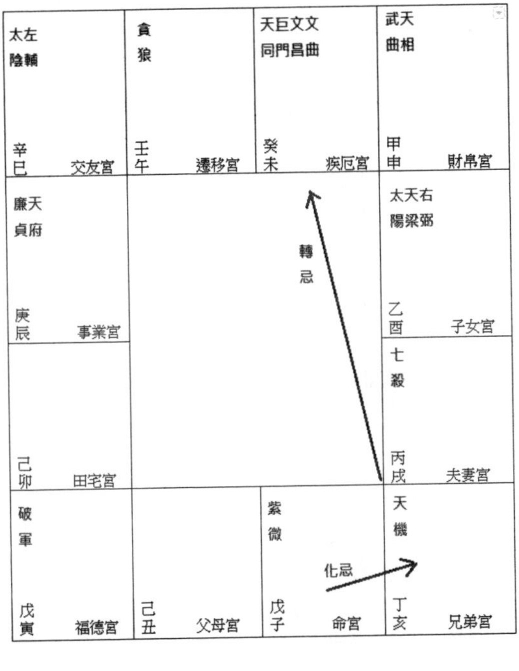

適合做現金生意，積沙成塔，勤儉致富。

朋友之間來往較淡漠，因忌沖交友宮。

2 命宮化忌到疾厄宮的解釋（透過兄弟宮）：

閒不住，勤儉，事必躬親，容易兼職加班。

個性內斂，少社交。

3 兄弟宮化忌到疾厄宮的解釋：

手足不親，容易被兄弟所累。

工作忙碌，防支出大。

【財帛宮忌轉忌在其他宮位的解釋】

例如財帛宮化忌到夫妻宮，轉忌到兄弟宮，此時有三種解釋象義。

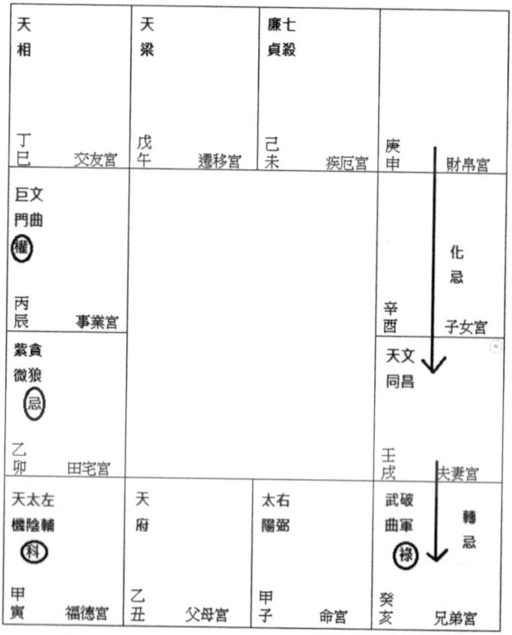

1 財帛宮化忌到夫妻宮的解釋：

在婚姻感情對待關係中，平淡無味。

夫妻最好各自理財，以免日後為錢傷感情。

2 財帛宮化忌到兄弟宮的解釋（透過夫妻宮）：

個性勤快、守成，適合做現金生意，勤儉致富。

3 夫妻宮化忌到兄弟宮的解釋：

婚姻相處時間少，或房事草率。

婚後也容易跟朋友少往來。

【交友宮忌轉忌到其他宮位的解釋】

例如交友宮化忌到事業宮，轉忌到疾厄宮，此時有三種解釋象義。

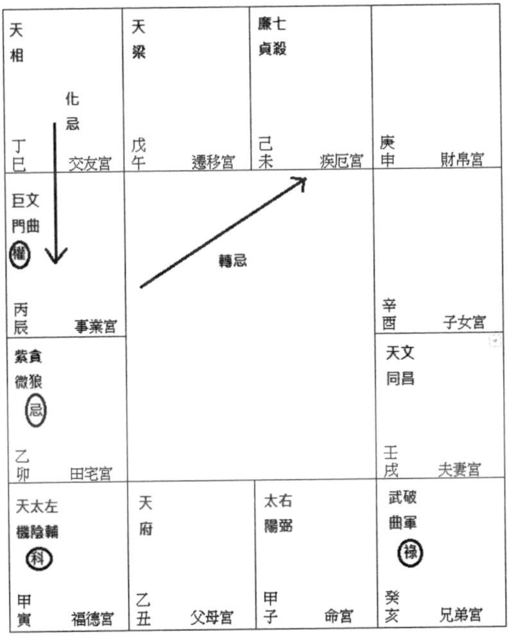

1 交友宮化忌到事業宮的解釋：

不利考試、競爭、升遷。

要注意合夥有私心。

工作上要防小人迫害。

2 交友宮化忌到疾厄宮的解釋（透過事業宮）：

防因怕寂寞，沒選擇性亂交朋友，而導致小人糾纏。

配偶閒不住，也防相處無情趣。

3 事業宮化忌到疾厄宮的解釋：

工作勞累，欠事業債，容易職業倦怠。

十二宮位化忌轉忌除了命宮有三種解釋外，其他十一宮也會跟命宮一樣有三種解釋，就以兄弟宮跟夫妻宮的解說以此類推，這跟宮位化祿轉忌較不同的地方，在解盤上需格外注意。

【第六節】飛星紫微斗數身心靈情緒宮位

此張命盤遷移宮化貪狼忌到疾厄宮，會是奔波驛馬，個性閒不住、是個急性子，做起事來也會是不服輸的拚命三娘；轉太陽忌忌入福德宮又逢太陽生年忌，在生活環境上帶來的緊張與壓力，容易讓命主在情緒上不開朗。

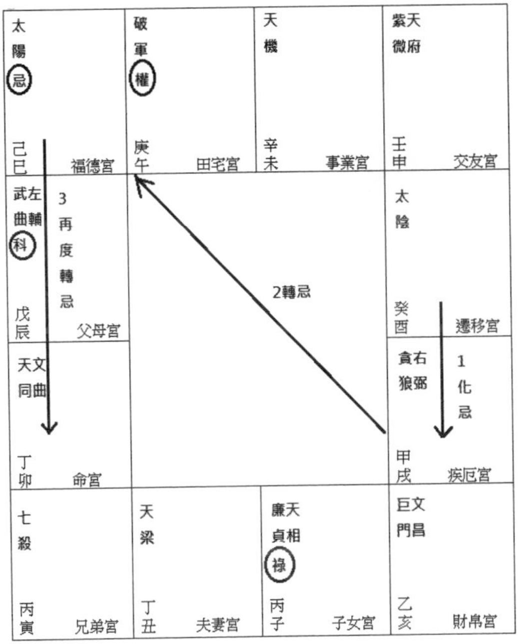

再度轉文曲忌入命宮，又逢田宅宮追忌到命宮，三忌都到了命宮、情緒宮位，在脾氣上堪稱是倔強一族；這個家庭讓命主需擔負責任，是標準欠家庭債，對命主來說真是甜蜜負擔。

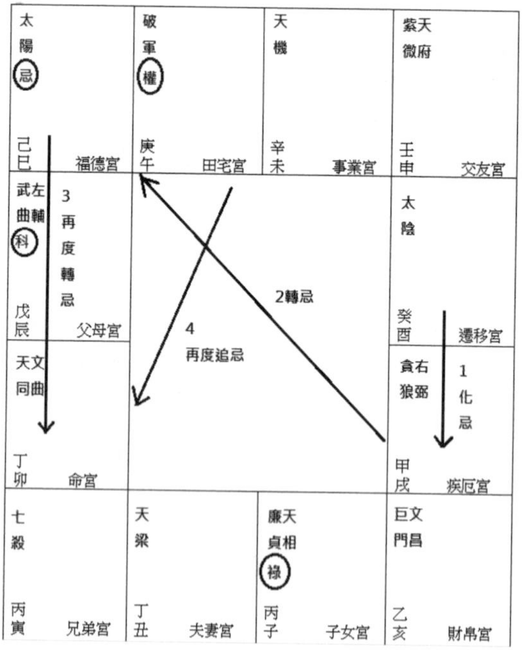

轉忌入命宮，逢田宅宮追忌，需又再度轉忌入財帛宮，夫妻宮也順勢追巨門忌入財帛宮，夫妻之間相處對待關係總是沒有好話，也會為了金錢而有所爭執，最後又轉忌入遷移宮形於表的宮位，吵得天翻地覆不可開交，造成難以收拾的局面……

人生真的不需要為了一點小事傷心動怒，更不需要為了一些人在內心裡感到憤怒不平，以中庸心態看待，不求有功，但求無過；簡單、自然、平凡就是開心，簡單生活也是一種生活態度，活在當下、享受過程樂趣，能控制自己的情緒，必然就能掌控自己命運。

我們不需要委曲求全一味迎合別人，或者昧著良心討好別人，也不要奢求每個人都會喜歡我們，因為再如何完美還是會遭受無助益的批評；我們都有為自己選擇幸福的權利，每一份用心，每一份付出，都會為我們帶來喜悅與美好……

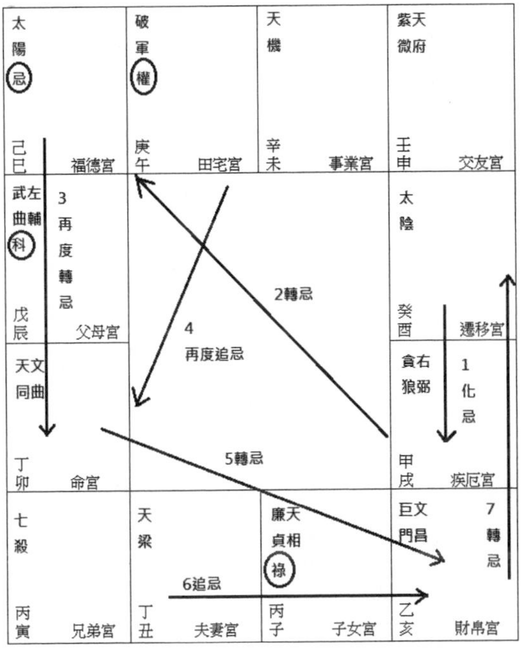

在紫微斗數命盤上，有三個宮位是詳論人的情緒宮位，這三個情緒宮位，首推命宮、疾厄宮、福德宮，三個宮位所代表的表達方式與輕重也會有所不同，一個完整的人，

不單是命宮就足以代表，沒有身體（疾厄宮）如何是完整的一個人呢？要論一個人，是否更要從這三個情緒宮位，命宮、疾厄宮、福德宮下手呢？

藉由命盤上的學習，讓自己更清楚自己的優缺點，不驚慌、不迷失、懂得把自己放在對的位置上發揮所長，試著學習和自己相處，試著更了解自己何嘗不也是另一個好方法之一。

在這充斥著不公與對立的社會，促使人們也開始懂得轉向身心靈層面，求取內心寧靜與平衡點；轉個念頭嘗試去做沒做過的事叫成長，嘗試不願意做的事叫改變，嘗試不敢做的事叫突破，身體力行去改變。若能透過命盤，對身心靈宮位的了解，進而多下點功夫改善，讓自己達到身心靈平衡。

身，用疾厄宮代表。心，用命宮代表。靈，用福德宮代表。這三宮不僅是一個人的情緒宮位，也是身心靈的代表，福德宮較屬於心靈層面、屬於隱性，跟命宮的出發點較像，命宮較屬於顯性，這兩個宮位都會有思考能力，不像疾厄宮不思考感覺對就可以，所以這三個宮位在詮釋喜怒哀樂情緒就會有差別。

比如單以福德宮忌入父母宮來說，會偏激口不擇言，修養差到極點，違背社會道德規範做一些離經叛道事。命宮忌入父母宮，以脾氣來說雖也是不好，卻不如福德宮來得偏激，疾厄宮忌入父母宮雖也脾氣快又直，卻會是修養欠佳較沉不住氣；在這些宮位的輕重區分，還是需要特別注意，哪個宮位會大於哪個宮位。三個情緒宮位在大限動盤跟靜盤扮演相當重要角色，可觀出在某個時間點是快樂大於哀傷，或者哀傷大於快樂！

命宮自化祿：

1 個性天性樂觀、好相處，聰明、大方人緣好。

2 等同祿出，需要注意自身個性太隨興、沒堅守原則，導致變濫好人，讓人予取予求。

3 需要注意是否有其他宮位飛入忌（需同星曜）劫祿，這樣的現象會導致遭人設計或被人出賣還傻傻幫人數錢。

命宮化祿入兄弟宮：

1 對兄弟與母親會不計較，打從內心無私付出，彼此有緣。

2 金錢不匱乏、事業較順心、週轉方便。

3 也宜分紅生意，若有他宮權入，會加強企圖與積極向心力。

4 體質好。

命宮化祿入夫妻宮：

1 時時刻刻對配偶（異性）尊重、付出關心，與配偶（異性）溝通良好。

2 容易感情早發生、或者多情。

3 事業較順，因為祿照事業宮。

4 逢偏財曜（廉貞、貪狼、破軍），多意外財。

命宮化祿入子女宮：

1 會喜歡親近小孩，晚輩緣佳。

2 個性外向喜歡往外跑，適合向外求財發展，可做業務或往外跑的服務業。

3 有合夥緣，但未必賺錢，需參佐格局高低。

4 需注意桃花，因為子女宮也是桃花宮，但前提必須是桃花星。

命宮化祿入財帛宮：

1 來財容易（但未必是自己賺的）、用錢方便。

2 由於金錢得來順遂，也因樂觀、不積極，對金錢易滿足而容易沒有節制，缺少理財觀念，應加強金錢管理。

3 可以從事業務、銷售工作，或從事現金生意。

4 與父母好相處，因財帛宮是父母的疾厄宮。

命宮化祿入疾厄宮：

1 由於懶得動、導致身體容易發胖。

2 個性慵懶、缺少毅力、不積極。

3 也因情緒好，與人容易相處、好商量，人緣好。

命宮化祿入遷移宮：

1 個性樂觀開朗、脾氣好，識大體、在外也人緣好。

2 出外機會多，具群眾魅力，社會資源佳。

3 適合公關、業務、銷售、服務業、娛樂工作。

命宮化祿入交友宮：

1 對人親和、少計較，受朋友歡迎。

2 多交往通情達理、志趣相同的朋友。

3 職場上與上司、同事相處融洽。

4 與配偶好相處，配偶也容易發胖，因交友是夫妻的疾厄。

命宮化祿入事業宮：

1 點子多也運氣好，容易找到自己興趣的工作，工作愉快。

2 配偶開朗、外緣好，但防婚外情（需桃花星）。

命宮化祿入田宅宮：

1 出身家庭狀況皆不錯，與家人相處融洽。

2 與不動產的緣份較早，容易有家人幫助置產或者贈與。

命宮化祿入福德宮：

1 樂天、知足、少計較、情緒好。

2 一生較不愁錢花用，容易衣食無憂（因為祿照財帛宮）。

3 防不積極、少憂患意識，少了生涯規劃。

命宮化祿入父母宮：

1 父母宮是念書宮、學習位、相貌位，也是遷移宮的共宗六位，必然也是社會道德的規範位。

2 想必是個長輩緣不錯，對父母孝順。

3 利於證照、就業、升遷等考試，也利於公職，會有一份收入不錯的好工作。

命宮自化權：

1 個性看來雖有自信，但少了定見。
2 看似積極、但做事容易不堅持、自以為是。
3 虎頭蛇尾、氣勢不能持久。

命宮化權入兄弟宮：

1 對兄弟會有比較權威式的佔權行為。
2 具有膽識，也具企圖心想開創事業，也很有領導能力。
3 敢賺也敢花，理財有方。

命宮化權入夫妻宮：

1 在婚姻（感情）的對待關係中，會因佔有、支配的慾望較強，更要避免因此起爭執。

2 喜歡管束另一半，也因化權給了另一半，所以對方也不大理會。

3 事業會容易有成就，因權入夫妻宮，照夫妻宮的對宮（事業宮）。

命宮化權入子女宮：

1 較權威式管教小孩。

2 與人合作會成就對方，或容易合夥掌權。

3 若是桃花星貪狼或廉貞，權入子女要注意勿房事過度，若再有疾厄宮的忌加入，尤其明顯。

命宮化權入財帛宮：

1 具有企圖、積極、開創、應變能力。

2 敢賺也敢花用，常有高利潤或大筆收入。

3 容易升遷、創業，也容易兼職、做副業。

4 適合市場開發、領導與銷售，也適宜業績分紅薪水。

命宮化權入疾厄宮：

1 好動、積極、抗壓性高。

2 喜歡運動，體型結實健康，少生病。

3 家運強。

命宮化權入遷移宮：

1 在外有能力，適宜開創與領導。

2 應變能力佳、有膽識。

3 利於升遷與創業。

命宮化權入交友宮：

1 對朋友會較熱心，或樂於替朋友出頭。

2 利於學術的專業涵養，或公職的服務人群，與成就他人。

3 利於競爭、考試、公職。

命宮化權入事業宮：

1 具積極、開創、自信、應變能力。

2 能力好、容易升遷與創業。

3 對配偶（異性）的態度會較強勢，因為權沖夫妻。

命宮化權入田宅宮：

1 在家庭中會較展現出威嚴的一面，對小孩也管教嚴格。

2 喜歡高大、氣派的住宅，也容易整修增建、裝潢、頂樓加蓋。

3 可自家開店營利或有房屋出租。

4 女生命盤會是容易在家庭做主的人。

命宮化權入福德宮：

1 個性不服輸、愛面子，喜歡排場大，做生意會是高價位、高品質做法。

2 重物質生活，敢賺又敢花。

命宮化權入父母宮：

1 格局差，個性有些霸氣得理不饒人，傲慢、失禮、惹是非，所以容易得罪人而不自知。

2 格局好，善於讀書、學習，高學歷。

3 利於公職、考試。

4 成就小孩事業，因為父母宮是子女宮的事業宮。

命宮自化科：

1 文質、秀氣、乖巧。

2 防優柔寡斷，也容易較做作。

命宮化科入兄弟宮：

1 在理財上會量入而出。

2 與兄弟好商量。

命宮化科入夫妻宮：

1 配偶漂亮或有氣質。

2 緣份雖沒了，但還是會對對方一絲絲掛念。

3 需注意第三者介入。

命宮化科入子女宮：

1 對子女會是很民主式教養。

命宮化科入財帛宮：

1 對錢財使用會量入為出，求平穩溫飽。

2 方便小額週轉。

3 對金錢企圖心不大，適宜當上班族安穩便可。

命宮化科入疾厄宮：

1 身材不胖不瘦，體材優雅。

2 個性不疾不徐，但防優柔寡斷。

3 病得良醫。

命宮化科入遷移宮：

1 高雅、秀氣。

2 在外遇貴人，逢凶化吉。

命宮化科入交友宮：

1 朋友之間雖不常聯絡，彼此之間的友誼還是存在。

2 臨急得貴人。

命宮化科入事業宮：

1 適合文職、企劃工作。

2 在處事上較多思猶豫、沒魄力，適宜當上班族。

命宮化科入田宅宮：

1 喜歡住家環境是幽靜、書香氣質。

2 房子大小適中。

命宮化科入福德宮：

1 花錢會量入而出。

2 喜歡安逸平淡，不愛虛華。

3 個性溫和，不疾不徐。

命宮化科入父母宮：

1 文質、秀氣。

2 個性斯文儒雅。

命宮自化忌：

1 不會記恨，事情過了就算，但也會不容易記取教訓。

2 城府不深，不長智慧，做人做事沒原則，無法堅持。

3 看似無所謂個性，其實是自己缺乏耐心、意志力所致。

4 逢他宮飛祿以入（同星曜祿忌成雙祿），是人倒貼於我，得了便宜又賣乖，容易產生嫌隙。

命宮化忌入兄弟宮：

1 個性守成，比較勤快，做事也會比較盡責。

2 節儉，大小錢都想賺，適合做現金生意。

3 內斂，比較不會在社交區塊多付出（因為忌沖交友），對朋友會只是點頭之交。

4 對兄弟會特別用心，拉拔兄弟。

5 女生命盤通常會是職業婦女。

命宮化忌入夫妻宮：

1 對感情執著，對另一半真心付出與疼惜。
2 別想不勞而獲，投機與賭。
3 格局差，需注意因為沉迷於感情，而忽略事業。
4 也因忌沖事業宮，所以適合穩定上班，或做不囤貨的買賣生意。

命宮化忌入子女宮：

1 對於小孩會特別用心與疼惜。
2 格局差，會是欠子債，跟小孩無法溝通。
3 容易驛馬、搬家、收入不穩定。
4 因為忌沖田宅宮，所以會有在家待不住情況。
5 小心與人金錢往來，因為沖庫會有退財現象。
6 防性好漁色（需桃花星）。

命宮化忌入財帛宮：

1 愛財不怕辛苦，不管大小錢都想賺。

2 女生命盤會是職業婦女命。

3 格局佳，即使是做小生意，也會賺錢。

4 格局差，為財煩惱，賺辛苦錢。

5 沖福德宮，只想著賺錢不貪圖享受，或無法享受。

命宮化忌入疾厄宮：

1 一刻不得閒，無法靜下來。

2 也因閒不住，身材不易發胖。

3 做任何事，事必躬親，堅持與勤快。

4 女命容易是職業婦女命，男命容易是長子格付出。

5 女命逢太陰星，愛漂亮、愛乾淨，忙於減肥、節食。

6 逢貪狼星，格局好喜愛太極拳、瑜珈術、養生術。格局差防感情執著，沉迷賭、毒、酒色。

7 逢廉貞星，格局好喜愛歌唱、跳舞。格局差防感情執著，沉迷賭、毒、酒色。

命宮化忌入遷移宮：

1 個性憨厚、耿直、內向、少心機。

2 不善於察言觀色，後知後覺，不懂攀緣。

3 直來直往少了圓融，應少管閒事，否則易招排擠或惹是非。

4 勿投機與賭，沒有撿便宜的好事，只能穩紮穩打，一步一腳印。

5 學習一技之長在身，留意人情世故，增廣見聞多磨練。

6 不發少年郎，拙驛馬。

命宮化忌入交友宮：

1 對朋友重情重義付出，不計較。

2 格局差，小心與人金錢往來，會因此耗財，因為忌沖兄弟宮（庫位）。
3 不利競爭、考試、升遷。
4 需注意身體健康，體質早衰走下坡，因為忌沖兄弟宮（兄弟是疾厄宮的氣數位）
5 不利合夥與創業。

命宮化忌入事業宮：

1 會專注在事業上，對於事業會特別用心付出。
2 適合專職、專業，或者專門技術的工作。
3 女命會是職業婦女命，特別勤快。
4 格局好，會有所成就。
5 防婚外情（桃花星）。
6 不宜賭、投機，因忌沖夫妻宮（福德的財帛）。

命宮化忌入田宅宮：

1 對於家是一種責任，無怨無悔的付出。
2 適合做家庭生活用品買賣的現金生意。
3 個性也會較守成、內斂，少與人交心。
4 會喜歡宅在家裡，驛馬難動。

命宮化忌入福德宮：

1 偏執所好，重視享受，捨得花錢。
2 格局好，會鑽研、專注在自己興趣上的工作。
3 格局差，會玩物喪志，杞人憂天，也易沾染不良嗜好。

命宮化忌入父母宮：

1 易有銀行貸款的負擔。
2 個性直快，容易得罪人而不自知。
3 不喜歡奉承與討好，嘴巴不甜。

4 格局差，人生多起伏、難守成，易招惹是非。

5 格局好，孝順父母，愛讀書。

6 小心與人金錢往來，不可幫人作保與背書（需兩忌以上），也需注意合夥帳目不清楚。

福德自化祿：

1 個性樂天好情緒，任何事都好商量。

2 對事看法會自得其樂，喜愛做夢。

3 防逍遙自在、對人生沒有目標、少了憂患意識，沒有生涯規劃不積極沒有衝勁。

4 逢他宮飛忌入（同星曜祿忌成雙忌），會倒貼於人，被賣了還幫著數鈔票。

福德宮化祿入兄弟宮：

1 對待兄弟情深義重，沒計較心，真情相對。

2 金錢事業順遂，逢偏財星（廉貞、貪狼、破軍），發財更是得心順手。

3 兄弟的家庭亦是不錯，因為福德宮是兄弟宮的田宅，視同田宅祿入命（兄弟的命宮）意思。

福德宮化祿入夫妻宮：

1 對異性用情至深，溫柔對待。

2 祿照事業，配偶事業順遂。

3 逢偏財星，易中獎或得意外財。

4 工作或賺錢方向，可以朝異性客戶為家。

福德宮化祿入子女宮：

1 有兒孫福，也喜愛與晚輩或小孩相處。

2 個性喜愛往外跑。

3 化桃花星，防多情貪圖色慾。

4 化宗教、五術、才華星，會因根器好，容易修持。

福德宮化祿入財帛宮：

1 有福氣，容易來財方便不缺錢，即使缺錢也會得到幫助。

2 樂觀不計較，器量大、好商量溝通，凡事也會往好處想（因為個性祿出）

3 格局好，適合以興趣為業，賺錢也容易順遂。

4 逢偏財星，容易中獎或得意外財。

福德宮化祿入疾厄宮：

1 個性溫和、好相處。

2 福厚少病，家運好，因為疾厄是田宅的事業（氣數位）。

3 防懶散、逍遙，而心寬體胖。

4 逢偏財星，心想事成、發財快速。

福德宮化祿入遷移宮：

1 個性開朗、脾氣好，跟人少計較，凡事皆往好處想。

2 喜歡往外尋找新鮮事，愛熱鬧、怕寂寞。

3 遇事能大事化小，老運好，有福。

4 逢偏財星，容易中獎、發意外財。

福德宮化祿入交友宮：

1 喜歡熱鬧，喜歡說好話，會把快樂的氣氛感染給週邊的人。

2 朋友之間寬以待人，有福同享有難同當。

3 老少咸宜、個性少計較，都與樂觀快樂的人當朋友，彼此也相處愉快。

福德宮化祿入事業宮：

1 容易心想事成找到自己興趣的工作。

2 對於工作較採隨緣心態，容易導致不積極。

福德宮化祿入田宅宮：

1 福蔭子孫、旺家益宅，衣食不缺。

2 喜愛在家享受天倫之樂。

3 逢偏財星易橫發，更喜會權來拱，更增添其積極性而擴充財產。

福德宮化祿入父母宮：

1 喜歡接近長輩。

2 喜歡學習，防多學少精。

3 喜歡說好話，人也幽默，脾氣好。

4 祖上有餘蔭，父母有祖蔭。

福德自化權：

1 防自大、愛現、好面子不自覺膨脹，得意時好大喜功；格局差，搞不清楚局面。

2 看似積極卻是五分鐘熱度，少了計畫，容易衝動行事。

3 重看不重用，紙老虎。

福德宮化權入命宮：

1 對於物質享受會強烈重視。

2 格局佳，會講求效率，積極想做好任何事。

3 格局差，容易因為自大而壞事。

福德宮化權入兄弟宮：

1 會因自己的強出頭不相讓，在兄弟之間引起紛爭。

2 防個人意識太重與獨裁，聽不進任何勸言。

3 格局佳，會有衝勁拓展，為自己帶來成果。

4 格局差，防好大喜功。

福德宮化權入夫妻宮：

1 對感情與另一半會有強烈的控制慾。

2 因權照事業，若用心於事業上，容易獲得成就，格局差防因自己的好勝心過重，引發反效果。

3 逢偏財星，容易中獎或得意外財。

福德宮化權入子女宮：

1 對於晚輩或小孩，喜歡用權威式教養，令其服從。

2 內心強烈渴望，望子成龍。

福德宮化權入財帛宮：

1 內心對於金錢慾望大，敢賺也敢花。

2 會積極想賺錢，朝專業技能發展，能有所獲。

福德宮化權入疾厄宮：

1 講究物質享受，也肯吃苦。

2 適合挑戰性工作，本身抗壓性也足夠。

福德宮化權入遷移宮：

1 個性好勝、愛面子，在人面前會有點自大。

2 格局好，積極與進取。

3 格局差，好高鶩遠。

福德宮化權入交友宮：

1 喜歡跟有錢有勢的朋友交往，也會奢侈浪費與虛榮。

2 表現慾強，好面子，海派豪氣。

3 格局差，傲慢失禮、狗眼看人低，臭屁高姿態，死要面子。

4 喜歡支配與控制配偶跟朋友。

福德宮化權入事業宮：

1 會積極想要闖出一番事業。

2 防因愛面子而大手筆花費在交際與應酬場面。

3 適宜專業、獨門生意。

福德宮化權入田宅宮：

1 會積極想要擴充祖產，興旺家族，會祿更順遂。

2 講究物質享受注重門面，因而開銷支出大。

福德宮化權入父母宮：

1 說話喜歡佔上方，力求表現。

2 有祿會增添虛榮現象。

3 加忌會目無尊長，蠻橫不講道理。

福德宮自化科：

1 雖能自我調適，恬淡適得，卻是優柔寡斷。

福德宮化科入命宮：

1 修心養性、安適恬淡。

2 有內涵、品味。

福德宮化科入兄弟宮：

1 會事先有心理準備，儲蓄以防萬一。

2 有養生保健觀念。

福德宮化科入夫妻宮：

1 對待異性會較注重氣氛與感覺。

2 加祿會更有情調。

福德宮化科入子女宮：

1 教養小孩會採民主自由方式。

福德宮化科入財帛宮：

1 對金錢慾望不強烈。

2 小額週轉容易。

福德宮化科入疾厄宮：

1 舉止優雅、處事謹慎。

福德宮化科入遷移宮：

1 在外有修養、有品味。

2 待人處世、心平氣和，多得貴人相助。

福德宮化科入交友宮：

1 對待朋友溫和謙讓。

福德宮化科入事業宮：

1 適合從事心靈、文化、哲學、休閒產業。

福德宮化科入田宅宮：

1 重視精神生活，喜恬淡簡樸。

福德宮化科入父母宮：

1 談吐優雅，謹言慎行。

2 格局差，會矯揉做作。

福德宮自化忌：

1 多愁善感，心情不一，總會不自覺煩憂，喜怒無常。

2 耐性不足，不堅持，總是看心情決定事情，對事情判斷少了分辨是非。

3 有時看似自在，卻是沒原則。

4 逢他宮飛祿入（同星曜祿忌成雙祿），得了便宜還賣乖。

福德宮化忌入命宮：

1 常有莫名煩惱產生，導致庸人自擾。

2 會因偏執所好，少了智慧判斷，因而傷財傷身。

3 少妄想不勞而獲。

福德宮化忌入兄弟宮：

1 防兄弟會有財力不穩定，因福德是兄弟的田宅。

2 需注意健康，早衰、不幸福。

3 婚姻貌合神離，因為忌沖婚姻的共宗六位。

福德宮化忌入夫妻宮：

1 對感情會是偏執，執迷不悟。

2 格局差，防因為執迷於桃花而棄家庭於不顧，遇貪狼廉貞桃花星會更加重。

福德宮化忌入子女宮：

1 對小孩會是偏執的溺愛，因自身的執著而導致彼此有代溝。

2 自己在家也容易待不住，因忌沖田宅。

3 防染有特殊癖好沉迷色慾（需桃花星），因而飢不擇食。

福德宮化忌入財帛宮：

1 容易為了錢傷神動腦、煩惱。

2 化武曲（財星）忌入財帛，會是斤斤計較的守財奴。

3 防因偏執算計，或投機好賭而惹麻煩。

福德宮化忌入疾厄宮：

1 因自身癖好，憑自己喜好待人，會讓人感覺不容易相處。

2 化太陰忌入疾厄，會因愛美而動刀整型。

3 化宗教星會是苦行修持。
4 格局差，容易玩物喪志，沉迷嗜好。

福德宮化忌入遷移宮：

1 個性浮躁、衝動行事，易招惹是非。
2 愛恨激烈憑感覺、少了思維，凡事欠缺考慮。

福德宮化忌入交友宮：

1 偏執用情，憑感覺的人際對待。
2 化宗教星會對朋友無私付出。

福德宮化忌入事業宮：

1 防因性格狹隘、偏執，對處理事情態度不佳。
2 格局差，容易選錯行業或諸多困擾。
3 宜一技在身，或以興趣為業。

4 防婚姻貌合神離，因精神宮忌沖夫妻宮。

福德宮化忌入田宅宮：

1 防個性上的偏執、嘮叨、思慮過度，造成反效果，而與家人相處不易。

2 格局差，需注意長久難戒的不良嗜好與惡習，防老運孤獨或長久疾病。

3 祖德無芳，家宅欠寧。

福德宮化忌入父母宮：

1 個性偏激躁烈、出言不遜，加權更是嚴重。

2 防違背社會道德與離經叛道的思想、行為。

3 不受教、偏執、器量小。

4 防因潔癖、愛美而空忙。

5 慈悲喜捨（宗教星）。

疾厄宮自化祿：

1 慵懶，隨遇而安、沒耐性、半途而廢。

2 不積極，機會總是從身邊溜走。

3 雖然好相處，卻漫不經心，沒原則，容易被牽著鼻子走（疾厄是交友的福德）。

4 要小心容易發胖。

疾厄宮化祿入命宮：

1 懶散、懶人懶福，也易發胖。

2 容易相處，好商量，有人緣。

3 家運好，生活條件優渥。

4 工作地方舒適，容易店面越做越大。

疾厄宮化祿入兄弟宮：

1 喜歡親近兄弟。

2　工作場所寬敞，賺錢順利。

疾厄宮化祿入夫妻宮：

1　最需注意容易過胖，減肥不容易。
2　對待另一半溫柔體貼。
3　家運好（祿照事業）可從事生產行業，逢偏財星加權尤佳。

疾厄宮化祿入子女宮：

1　喜歡親近小孩。
2　遇桃花星需注意會慾望多。
3　喜歡在外面蹓躂。

疾厄宮化祿入財帛宮：

1　由於物質生活優渥，來財容易，缺乏理財觀念。
2　賺錢方式輕鬆，也容易有現金收入。

3 化桃花星易是賺風花雪月財。

疾厄宮化祿入遷移宮：

1 不夠積極，容易受環境左右。

2 脾氣好、容易商量、好相處，也容易交隨興的朋友（疾厄是交友的福德）

3 容易發胖、小病少，大病也容易得良醫。

4 工作環境佳，逢偏財星加權，可從事生產行業。

疾厄宮化祿入交友宮：

1 與人好相處，易散發親和力的肢體語言。

2 化桃花星需注意異性間肢體碰撞而產生情愫。

3 經營店面總是會有人潮多與熱鬧現象。

疾厄宮化祿入事業宮：

1 生活條件優渥，容易心寬體胖或過胖，不容易減肥。

2 家運好，可經營家庭事業，也適合生產行業（加會偏財權尤佳）

3 防不積極或不敬業。

疾厄宮化祿入田宅宮：

1 家運好，可經營家庭事業或自家開店營利。

2 身體健康，需注意運動量不足而發胖。

3 喜歡在家享受與親人間的天倫之樂。

疾厄宮化祿入福德宮：

1 家運好，生活優渥，逢偏財星可從事生產行業。

2 好情緒，也會過於安逸不積極，懶得動、容易發胖。

3 病痛容易逢凶化吉，少折磨。

疾厄宮化祿入父母宮：

1 脾氣溫和，臉上總是帶給人笑容充滿愉快。

2 喜歡親近長者。

3 格局差，防阿諛奉承。

疾厄宮自化權：

1 身材結實，稍魁壯。

2 個性粗線條，傻勁，直衝直撞，少了方向的莽撞。

3 喜歡動，容易運動受傷，或撞、跌。

疾厄宮化權入命宮：

1 天生耐操、抗壓性強，格局好可選擇大店面做生意。

2 敢拼敢享受，較注重生活品質。

3 體質好，抵抗力強有活力，會持續運動，一生極少病痛。

疾厄宮化權入兄弟宮：

1 個性乾脆、主動、抗壓，肯拼敢賺。

2 身體有活力、健康、喜歡運動健身。

疾厄宮化權入夫妻宮：

1 身體強壯有活力，會持續運動，容易是運動員（因夫妻為疾厄的田宅，身體的收藏宮）。

2 性能力佳。

疾厄宮化權入子女宮：

1 管教小孩容易有肢體上的碰觸。

2 健康、性能力強。

3 喜歡往外蹓躂活動找樂子（會祿更加強）

疾厄宮化權入財帛宮：

1 用體力辛苦賺錢，更需注意職業傷害。

2 肯做不怕辛苦，也很敢付出享受。

疾厄宮化權入遷移宮：

1 個性粗線條，憨膽、乾脆，在外抗壓性強。

2 工作場所大，很適合生產行業，逢偏財星會祿尤佳。

疾厄宮化權入交友宮：

1 與人相處較主動、大方。

2 格局差，在相處上會給人粗魯、臭屁現象。

疾厄宮化權入事業宮：

1 喜愛運動，會是運動員。

2 個性粗線條、傻勁。

3 工作場所大，可從事生產行業，逢偏財祿佳。

疾厄宮化權入田宅宮：

1 家運變旺，可經營家庭事業。

2 喜歡居住環境寬大。

3 健康有活力、少病痛，也喜歡持續性的運（活）動。

疾厄宮化權入福德宮：

1 個性粗獷、蠻勁、耐勞、少病。

2 追貪狼祿會貪圖享受，喜愛飲酒作樂。

疾厄宮化權入父母宮：

1 言行舉止一意孤行，加忌則會口無遮攔，讓人感嘆修養差到極點。

2 宜修身養性，為自己加強專業技能，得以辯論頭頭是道。

疾厄宮自化科：

1 雖文質，但優柔寡斷。

疾厄宮化科入命宮：

1 個性溫和。

2 身材適中，秀氣。

疾厄宮化科入兄弟宮：

1 身體注重養生，而保持健康。

疾厄宮化科入夫妻宮：

1 身材適中，行為優雅。

疾厄宮化科入子女宮：

1 教導小孩會輕聲細語。

疾厄宮化科入財帛宮：

1 行為舉止會較溫儒優雅。

疾厄宮化科入遷移宮：

1 在外行為舉止優雅得體。

2 身材婀娜多姿。

疾厄宮化科入交友宮：

1 與朋友相處含蓄，讓人感覺彬彬有禮。

疾厄宮化科入事業宮：

1 工作場所不大，適中剛好。

2 會較注意工作場所擺設及氣氛。

疾厄宮化科入田宅宮：

1 家中生活品質不注重奢華，喜恬淡、樸實。

疾厄宮化科入福德宮：

1 會注意養生與惜福。

疾厄宮化科入父母宮：

1 行為舉止文雅有禮。

疾厄宮自化忌：

1 耐性不足，缺乏方向感，橫衝直撞。

2 情緒起落反覆大，不好相處，不能隨遇而安（疾厄是交友的福德）

3 防過勞的空忙一場，宜上班族穩定。

4 格局差，容易發病吃藥無效，或很快死亡，也易傷殘缺陷或器官摘除。

疾厄宮化忌入命宮：

1 常工作量大、忙碌，身不由己。
2 個性不喜歡拖拖拉拉，遇事較情緒化，過多煩心。
3 需注意慢性病、職業病等傷害帶來的煩悶。
4 女命多是職業婦女，男命則是會像長子格一樣肩負責任。

疾厄宮化忌入兄弟宮：

1 需注意店面、工作場所、辦公室的環境不理想。
2 需注意身體上的宿疾，必須持續運動與養生。

疾厄宮化忌入夫妻宮：

1 體質弱，也屬不容易發胖的身材。
2 需注意性能力不足，婚姻生活少情趣。
3 好事容易不長久。

疾厄宮化忌入子女宮：

1 教導小孩會較沒耐性。

2 個性較沒定性，人生起伏大，也會到處閒晃。

3 需注意房事少了情趣或因為頻繁傷了身體。

疾厄宮化忌入財帛宮：

1 會過度操勞，不顧身體危險來賺取金錢。

2 會因不良嗜好亂花錢，或長時間因為病痛付出醫藥費。

3 容易遇上貪小便宜的朋友，因疾厄是交友的福德。

疾厄宮化忌入遷移宮：

1 個性急躁、沉不住氣、坐立難安，也因壞脾氣跟人相處不愉快。

2 工作環境較差，或常換工作地點。

3 不容易發胖的體質。

4 格局差，身體容易出狀況。

疾厄宮化忌入交友宮：

1 需注意身體狀況漸走下坡。

2 與人相處冷漠，或有讓人不悅的行為。

3 需注意夫妻相處無趣，同床異夢。

疾厄宮化忌入事業宮：

1 工作場所較小或環境差而有所壓迫感。

2 容易過勞跟職業傷害，工作也常不如預期理想。

3 身材瘦弱，不容易發胖。

疾厄宮化忌入田宅宮：

1 個性較宅，喜歡待在家，不愛與人攀緣。

2 注意宿疾或久病，需多運動與養生。

3 格局好，也會忙碌，但六親無助益。

疾厄宮化忌入福德宮：

1 情緒容易因環境影響有所起伏。

2 容易染不良嗜好，難以戒除，或因享樂而花錢。

3 也容易因病痛花錢，因忌沖財帛宮。

疾厄宮化忌入父母宮：

1 缺乏耐心與少了思維，容易沉不住氣，喜怒於色。

2 格局差，容易破相或器官摘除，只因疾厄忌出。

【第七節】何謂根器位

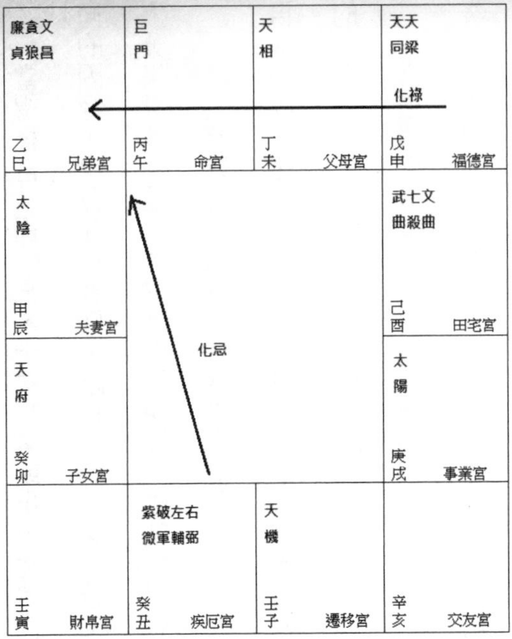

在紫微斗數命盤裡福德宮、遷移宮、子女宮隸屬根器位，根器位是與生俱來會對某些專業技能產生興趣學習，例如五術、舞蹈、書法、繪畫、各方語言能力，在學習這些技能過程中駕輕就熟、輕而易舉甚至無師自通。

當遷移宮、福德宮、子女宮坐或化出貪狼祿跟天機祿、天梁祿就可能具有命理、五術的因緣，也會存在著佛法跟道法的因緣，若又得三情緒宮位交多祿權，再跟田宅宮串上彙集更多祿權當然會學習緣深厚，成就相對也會變高。

反之若只有這三宮情緒宮位化出貪狼祿、天機祿、天梁祿，就只是存在著興趣無法再進一步到達高峰，就像只會煎蛋不懂得變通做出多樣料理，只能做出一道簡單蛋炒飯的料理，就是單純停留在某個階段。

當根器位俱足這些因緣，再加上情緒宮位化來同星曜的忌，就會產生學習上的執著，在學習上就會因為產生興趣，然後更專注執著在這領域上。

就跟這張命盤主人一樣，由福德宮根器位戊宮干，化出貪狼祿到兄弟宮，得情緒宮位疾厄宮癸宮干，化貪狼忌（同星曜）到兄弟宮。本身存在著某種才華，因為祿產生濃厚興趣，也因為忌產生執著，興趣加上執著發揮了命盤主人潛藏的才華能力。

有忌的執著才敢大膽追夢，抓住希望不放，我們偶爾也是需要像傻子一樣，需要忌的執著力量，才會努力不懈勇於追夢，這也讓我想起暢銷著作哈利波特的作者；因為愛與勇氣，讓這位單親媽媽躍升當今身價第一暢銷女作家，在面對鏡頭訪問，她毫不保留的回答說：讓生命結束是最俐落的結局，但在我心中，真正的勇敢是從創傷中重生。

她身無分文，身旁無親人協助，身邊還有一個嗷嗷待哺的小女嬰，當時的她未滿三十歲又患有憂鬱症，在這般萬念俱灰的日子裡，也曾想過尋短。即使當時的她生活是一塌糊塗，持續投稿甚至被出版社批評不賣座，但她還是憑藉著勇氣，永不放棄任何希望，一寫就寫了17年，在面對過往失敗，羅琳的態度從不遮遮掩掩。反而自信說出有什麼好丟臉的？反而對於自己克服了這些困難，覺得十分驕傲！

另一位頂著哈佛光環進入NBA的男孩林書豪，熱愛籃球，更想證明會念書的孩子也是會打球，即使進入NBA，無法發揮好好上場，即使遇上挫折，他也從來沒有放棄自己，一樣做好隨時上場的準備。

就在即將被NBA解約關鍵時刻，他在NBA的一場球賽，打贏聯盟球員引爆了一連串的奇蹟。他也經歷了所有人都曾經遇過的懷才不遇、不被看重，也因他永不放棄的精神，等待著上舞台表演的機會，機會是留給有準備的人，他終於等到屬於他發揮的舞台。

時勢造英雄，環境會造就一個成功的人，當然也會在他還沒成功之前，重重的打擊此人，一個成功的人，必定有其特殊的人格特質。他會懂得將挫折轉為成長的養分，就像是蓮花能在淤泥裡轉為美麗的花朵一樣，能隱忍努力，能自強不息，能堅定目標……

或許，大家都只看到成功的一面，卻忽略了成功背後的努力……他們靠的不就是一般人所不看好的傻瓜效應？也因為像傻子一樣的堅持與耐心，他們終究令所有人跌破眼鏡，一戰成名，得到該有的美麗成果。

我們一直都太習慣現有的生活模式，從不知怎麼去轉變或從內心轉變，甚至恐懼改變，只要一遇到與自己的行為模式有所衝突，就會驚慌失措，開始想的就變不一樣，而做的也變得不一樣。我在想：這是心理學中的心理，需「心理」加上「學」，而這個【學】是否可解讀成要我們去學習不同人生，勇於突破與克服心裡的恐懼，找出自己在人生的定位，將潛力發揮淋漓盡致，讓生命不留半點遺憾，更而精彩呢？

【第八節】讓人生順遂的首要宮位——遷移宮

天相 丁巳 交友宮	天梁 戊午 遷移宮	廉貞 七殺 己未 疾厄宮	庚申 財帛宮
巨門 文曲 丙辰 事業宮			辛酉 子女宮
紫微 貪狼 乙卯 田宅宮			天同 文昌 壬戌 夫妻宮
天機 太陰 左輔 甲寅 福德宮	天府 乙丑 父母宮	太陽 右弼 甲子 命宮	武曲 破軍 癸亥 兄弟宮

福德三方組合漂亮，若有偏財曜（廉貞、貪狼、破軍）的祿、權坐或飛化入於我田宅三方、命三方，人生更是順遂！此張命盤化貪狼祿到田宅宮，肯定有天生帶來的資產享用。

福德三方首重遷移宮、次談福

德宮，遷移宮飛化祿到任何一宮，這宮位總是會有讓你心情爽快、順心如意；反之，若遷移宮飛化忌到任何一宮，那這宮位就是會讓你有無法說起的不順心，摸也摸不透，想也想不通！

簡單說明遷移宮化祿到財帛宮，會來財很順或常得到意外之財，若遷移宮化忌到財帛宮，則容易亂花冤枉錢，口袋的錢就像跟自己感情不好一樣，總是會莫名其妙跑不見。

遷移宮是坐落在命宮的對宮，是命盤主人在外面給人的形象代表，這也包含著不認識的人對命主的第一印象。要在家裡以外的社會環境中讓人認同與得到掌聲，也需有相當棒的 EQ；遷移宮有祿 EQ 就佳，遷移宮有忌、當然就較耿直、察言觀色能力就會差一些，當遷移宮化祿到某一宮，自然就會有那麼點福利好處享用。

我的印象之中曾經炒得火熱的新聞之一，有位名模林×玲無端被扯入是非辱罵中，但還可以如此淡定回應、不疾不徐如此說出：每一天，我都希望好好的做自己，選擇快樂。快樂不是一種性格，而是一種能力。笑看風雲淡，坐看雲起時，不爭就是慈悲，不辯就是智慧，不聞就是清淨，不看就是自在，原諒就是解脫，知足就是放下。

有多少人會擁有像名模如此細膩心思，遇到事情懂得把心靜下來，懂得把心靜下來的人就是懂得善待自己與愛自己的人，因為這樣的人會懂得珍惜每一刻，享受當下的幸福。

名模會如此成功與受人愛戴，大家稱讚她是EQ佳的美女，EQ也來自於我們命盤上的遷移宮，在外的處世應對宮。在外是包含不認識的族群，也會對你產生認同，或有所評論。

在新聞炒得極熱刀光劍影，名模會說出不辯就是智慧，的確是大智慧！遷移宮若有串聯多忌呈破，肯定無法說出如此有深度的話，待人處事不圓融，我相信林大美女的遷移宮絕對是呈現多祿極佳狀態。

當脾氣來的時候，福氣就會被氣走，人的優雅就在於如何控制好自己的情緒；水深則流緩，語遲則人貴，說……是一種能力，不說，是一種智慧，這取決於EQ宮位—遷移宮，遷移宮好當然也表示此人應對能力與反應佳。遷移宮的共宗六位是父母宮，父母宮也是學習宮位，既是遷移的共宗六位也是息息相關，我們可以靠著父母宮的後天修為學習來加強累積遷移宮的好，哪宮有缺陷就哪宮改善，命天生，運是可靠後天努力改善增添福份。

在生活中總是會有出其不意的問題與挫折發生，試問有哪個人是每天都順心如意、一帆風順呢？人非聖賢，熟能無過，知足常樂，能忍則安，或許該懂得讓自己學會在適當的時段，找一個情緒的出口；更要懂得學會讓自己把思維沉澱下來，用一切歸零的心態幫自己找出一條路重新出發。

學習斗數是一門幫助自己自修的方法，藉由學習斗數過程中了解自己進而省思，因為我們總是處在不自知情況，很容易沉溺在自己的意見、想法及偏見中，也會選擇性的選擇自己想聽的話，如果我們能放下內心在命盤上對某宮的偏執，就會發現這世界還是有美的存在。

【第九節】飛星紫微斗數何來一忌出大事

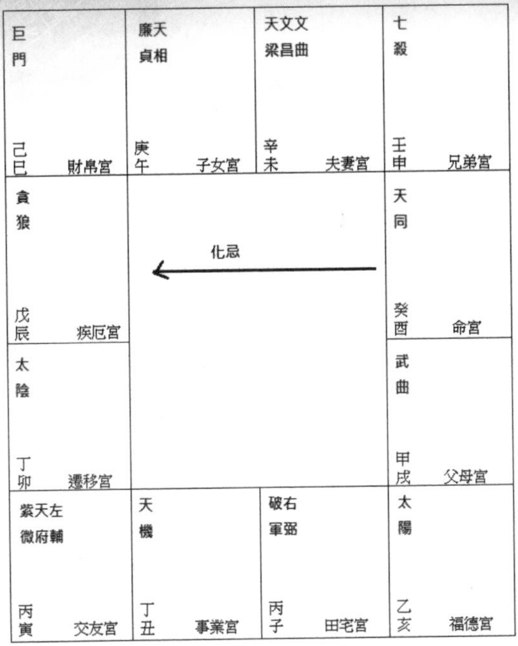

在命盤上何來一忌出大事，一忌只是涵蓋了收藏、累積、勞忙、責任、付出、執著、專注、煩惱，不論得失善惡，這都只是每個人在社會環境中都會產生的情緒反應。

一忌在命三方，只是在人生社會處世當中，會對某件事特別認真，努力追求，心肝情願付出也會無所求。

一忌在田宅三方，只是守成、認真勤奮、經由一點一滴勤儉而後產生獲得的豐盛果實。

一忌在福德三方，只是個性、因緣與人生際遇，在福德宮是重視享受，在遷移宮是個性直，在夫妻宮則是執著感情付出。

一忌在交友三方，是待人接物的處世涵養，在交友宮是重情重義，在父母宮是孝順，在子女宮是慈心悲憫。

祿是因、忌是果，凡事都不會離開因與果，祿轉忌與忌轉忌是深入因與果追根究底的手法，藉著追祿追權（需同星曜）追忌（不需同星曜）串聯相關相應宮位，形成一氣貫連，進而理出事情輕重。

此張命盤，命宮化貪狼忌入疾厄只是勤儉勞動象，當轉天機忌入到事業宮，會在工作上認真，在做事方面會較堅持自己理想。若要以一忌定生死好壞，那鐵定會與事實差十萬八千里，人生哪是兩三句話說得完，光一天二十四小時遇到的人事物，再加上一年、二年……數十年，一張命盤一張人生，何來只有一忌呢？

現在社會時勢低迷充斥著亂象，如果只是愚昧的聽著用什麼迅速方式可為自己改運；我在想，真有平白無故天上掉下來的禮物嗎？人生若如此簡單容易，就不需來人間嚐受酸甜苦辣走上這麼一遭，應時時警惕自己時時保持正向觀念，不輕易被命運擊垮，更要時時保持清醒，遇到事情冷靜觀看、智慧判斷，不是一味逃避追求外力解決，或許只會為自己又帶來另一波不必要的麻煩。

如果我們好好檢視一下自己日常生活中，就會發現很多我們深信不疑的事情，只不過是聽來的，只是因為人云亦云就認為理所當然，未經理解與證實就信以為真。

一張命盤就已經為我們寫下多少該做與該學習的功課，自己的人生課題還是需要自己承擔，自己的問題還是必須自己解決與面對，命理諮詢只是站在幫我們找出問題點的位置，命理諮詢只是站在客觀的角度為我們釐清命盤人生方向。

常看到很多成功的人並非有與生俱來的好條件加持，沒有出生在富有家庭，沒有親人的支持，但一定有個共通點，就是懂得有耐心持續去做對的事情，堅持自己理想朝著目標前進。

人是可以創造自己想要的人生，命運也是操縱在自己手裡，了解命盤只是讓自己更清楚方向，藉由清楚方向來帶領自己趨吉避凶，不迷失、不迷信偏方，把斗數落實在我們生活中，靈活應用而不是被命盤設限住，要勇於嘗試與突破，進而改變自己的人生，在運勢較浮沉時，要更低調、更努力學習充實自己，一命二運三低調四學習五讀書六積德行善……

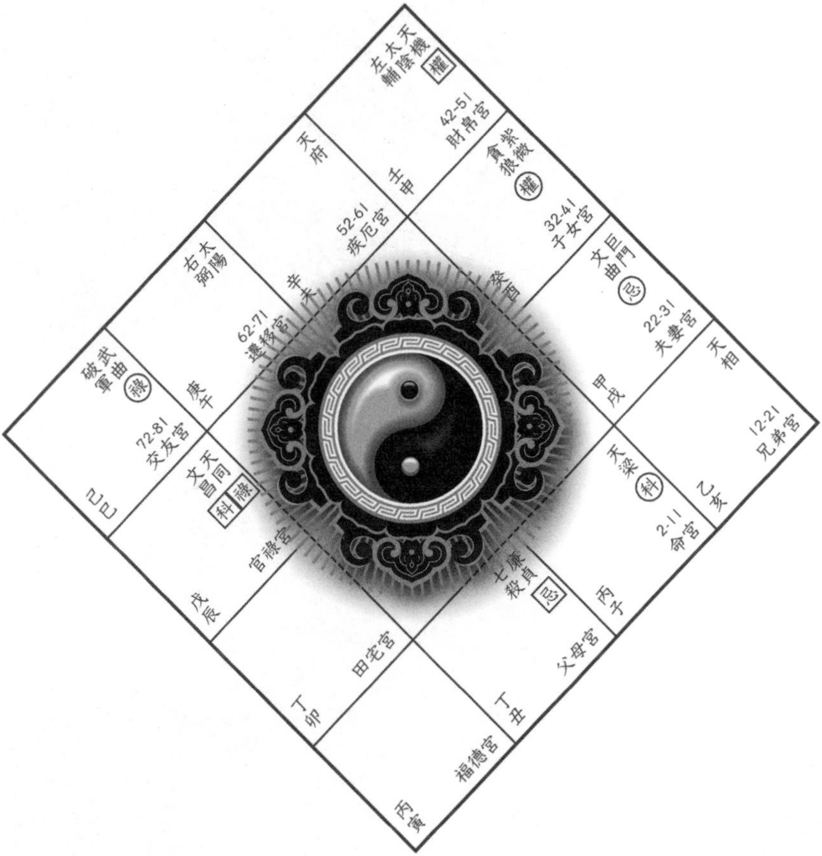

天機 太陰 左輔 權
42-51 財帛宮
壬申
天府
52-61 疾厄宮
辛未
太陽 右弼
62-71 遷移宮
庚午
武曲 破軍 祿
72-81 交友宮
己巳
天同 文昌 祿 科
官祿宮
戊辰
田宅宮
丁卯
福德宮
丙寅
紫微 貪狼 權
32-41 子女宮
癸酉
巨門 文曲 忌
22-31 夫妻宮
甲戌
天相
12-21 兄弟宮
乙亥
天梁 科
2-11 命宮
丙子
廉貞 七殺 忌
父母宮
丁丑

第四章 飛星紫微斗數的解盤迷失

【第一節】

如何看待紫微斗數在人生中扮演的角色

癸酉年五月卯時女

冥冥之中自有安排與定數，別小看在我們日常生活中每個小細節，總是會引動各項事件的浮現，隱約之中藏匿著某些跡象，只是我們沒專注用心在當下，並且察覺到一絲一毫。

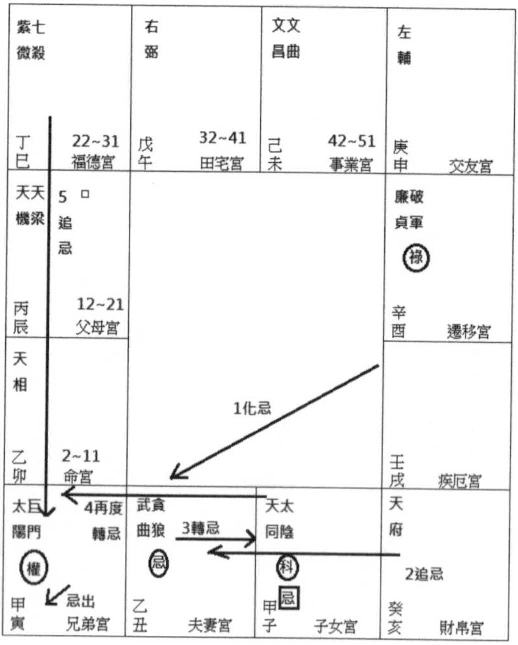

就好像在我們的紫微斗數命盤上，老天也在我們的人生藍圖上，安排某些時間點，會遇何事與何人……這些人與事也巧妙穿插在我們生命中，跟我們一起學習成長。

也有可能存在著有些事或人讓我們感到傷心，讓我們在心靈上烙下一道很大的傷痕，無法輕易抹去；或許，我們可以換個角度，也或者是站在這個人的立場去細想，人生終究沒有解決不了的事，這也許是老天特意安排給我們的課題，要我們靜心找出答案，學習如何跨出這一步，學習如何讓自己成長……

如何解盤也因每人人生歷練不同，對命盤會有不同見解與說法，此張命盤主人貪狼生年忌在夫妻宮，會執情於異性，財帛宮對待關係又追貪狼忌同入夫妻宮，容易遇人不淑、欠婚姻感情債，串聯多忌將命忌跟生年忌也串聯其中。

疾厄宮化貪狼忌到夫妻宮，又逢貪狼生年忌，轉忌到子女宮，順勢也將貪狼生年忌也帶到了子女宮，又逢太陰命忌，交友宮追忌後，再度轉忌到兄弟宮，逢福德宮追忌共六忌又自化忌出。

命盤中祿少忌多，自化宮位也多，自化會有消散與諸多不穩定現象，對人對事會漫不經心、事不關己，在這22～31大運當中，著實是要替命主擔憂，如何度過這漫長歲月，也期許命主能放下內心對異性的執著安然度過。

很多事與物都是變化無常，唯有智慧是不變的，人會苦惱皆是執著於慾望，若拋開這些慾望的貪求，不受煩惱所困，便不會受情緒影響而起煩惱，即使身處逆境也能自在。

【第二節】習性、個性決定命運嗎？

丁丑年生一月子時女

曾有人對著我說：你不是我，你無法理解？換作是你，你一定做不到？好多好多的你不是我……也因為或許我不是你，我無法幫你找好多理由或藉口來讓你解套，也或者是我應該跟你站在同一條線上辱

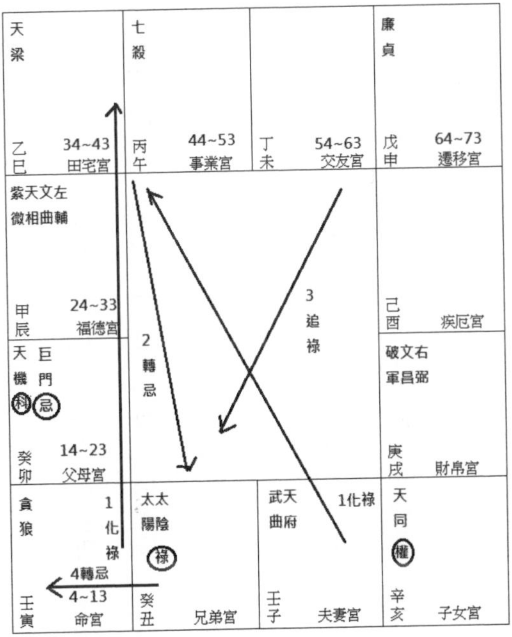

罵某個人，或認同你所說的是對的，一直點頭讚同。

這樣的情節好像是一般人都會有的通病，是因為受時下這個環境變遷影響嗎？導致好多人總介於理性與感性之間，容易讓情緒一瞬間爆發而不自覺；一旦害怕與擔心會有不祥的預感，當處在這種危險關係不是很確定時就會產生焦慮，當焦慮出現時，身心都會感到不安與苦惱。

是的，情緒總會在不經意中流露，連自己也都無法察覺，一旦傷害造成，永遠是自己身邊最親或最信任的人，最親的人可以接受，若不是最親的人可以接受到何種程度，是分手……或者選擇安靜離開呢？任誰都不願意接受這樣的安排與答案。

命宮坐星若是屬於孤寡之星曜或者屬性較強不認輸的星曜，首要條件人已被妳（你）這般氣勢嚇唬住，更別說想更進一步認識妳（你），即使妳（你）是很不錯的人，一樣逃之夭夭；我會強力推薦，請妳（你）多付出笑容，逆向操作柔性對待每個人，一個命宮就先告訴了我們的初步個性屬性，也千萬別忘記，紫微斗數十二宮位宮宮牽引。

在許多諮詢的案例中，我也總是看見，人們總是因為習慣把自己放在舊有的模式中，尤其在感受壓力時，心理狀態常會啓動過去類似痛苦的慘痛經驗，對於沒做過的事或工作，或者是沒接觸過的人，總認為自己絕對無法勝任如此陌生的事跟工作，更無法跟陌生人交談。

過於擔憂與執著只會讓不安的情緒一直在頭腦打轉糾結，行為上產生過度反應、瀕臨歇斯底里，人生沒有做不到的事，只有自己願不願意去做，人生也沒有過不去的事，只有自己跟自己過不去。

面對問題試著學習共處，靜心利用智慧來幫助自己理解危機背後的轉機，當我們已然體會與理解，我們便不會為了眼前的挫折感到灰心、失望，更不會為了暫時的成功而得意忘形。

保持心如止水更能由心感受，壞的事情也並不如表面看起來的那麼糟，好的事情也不如想像得那般美好，讓我們能更平靜看待與感恩發生在生命中的一切，學會控制自我情緒……

此張命盤命宮化祿入田宅宮，理應是與家人相處和睦，也會為家裡帶來福氣，卻也因巨門生年忌的搗蛋，由於父母宮是表象宮，忌在父母宮會一臉嚴肅樣，加上巨門生年忌實話直說不討好。

本性善良對父母孝順盡責，卻也因為嘴巴不甜，在與人相處應對總是較吃虧，我告訴命主，這些命盤上的缺失，都是可以經過學習得以改善，沒有想像中的困難；人生旅途如何讓自己踏上蛻變之旅，人生要先有小改變，格局才會改變，不疾不徐，慢慢，慢慢放掉枷鎖……慢慢幫自己調適到最佳狀態。

就像我們看到自己命盤，看到好的地方別鬆懈，還要努力更好；當看到不好的地方別輕易放棄，只要稍微做調整，幫自己打打氣，心念改變、氣場便會改變。別總是習慣性把自己框架住，忘了激發隱藏在內心裡的潛能，只要有心，我相信絕對做得到，習性與個性相信是可以改變的。

也因看出命盤主人的執著點，我也教導我的學生，同理求助者的情緒與感受，協助命盤主人理出一個頭緒、澄清盲點，對於來諮詢的人選擇耐心付出心思與時間來陪同改變，當命盤主人也很樂意接受我們為他建議的方式稍作調整，慢慢的走出傷痛時，這絕對是我們內心所期盼也樂於看見的結果。

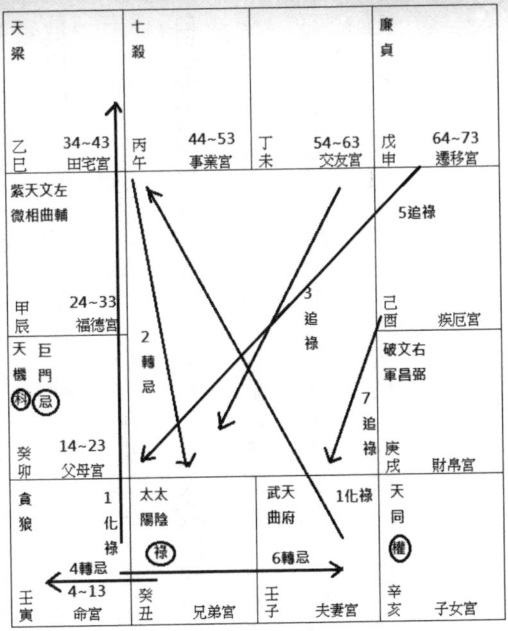

小女孩今年21歲了，很有自己的想法，某次與我聊天中，提及到這輩子不會考慮結婚，而且是非常斬釘截鐵的對我說，這樣認真的舉動讓我有點訝然，也讓我心裡突然產生一個問號，心想妳該不會是有性別上的問題吧！

在時下社會環境中，時代進步也伴隨著觀念改變，對於同性戀愛也都抱持樂觀接受的態度；命盤上會有性別上的錯亂，理應夫妻宮會跟遷移宮、田宅宮、父母宮等相關宮位串聯多忌，但此張命盤絕對沒有此種現象。

要看感情不用多說直接從夫妻宮立太極點，夫妻宮干化天梁祿到田宅宮，這是有異性會與自己的家有緣象，會結婚成家也容易置產結婚，而命宮的祿也帶上去，兩祿經由田宅乙宮干天機忌轉忌帶到了兄弟宮，再逢太陰生年祿共三祿；逢交友丁宮干追太陰祿進兄弟宮，再度轉忌到命宮，夫妻宮的祿（緣）落點來到命宮，表示命主跟異性的緣份是相當濃厚的，只是讓妳心動的對象還未出現。

夫妻宮的忌不多只有命宮化來的忌，產生自化忌出現象，只能說對於異性的選擇有自己獨特的見解，會讓命主心動投入感情的對象少之又少，命主實在是挺挑剔的，也不愛經營感情，對於把時間經營在感情上，會覺得是浪費時間了。

日後還是奉勸命主28歲姻緣到來時，這個對象將會是在工作場所偶遇，請好好善待對方別用高傲、淡漠處理感情，這樣的對待方式只會讓彼此關係疏遠。

【第三節】將斗數融入生活中，也在生活中融入斗數

丙辰年四月辰時女

此張命盤主人福德宮與命宮化祿於交友宮，對朋友的付出是熱情說好話，有好康的也樂與好友有福同享，個性惜情重義卻也為自己帶來不必要的麻煩，不懂得慎選伴侶與朋友。

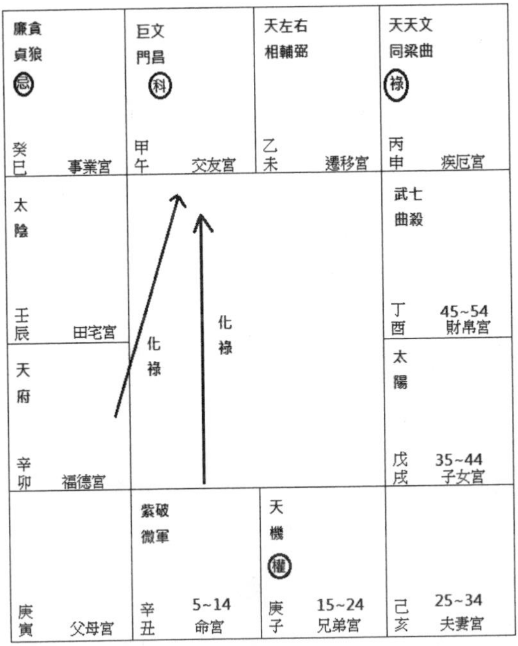

因福德宮與命宮也飛雙忌入交友宮，忌沖兄弟宮庫位，當了散財童子。

或許命主本身也不願意讓立場搞得如此僵，也因樂觀情緒，對凡事與金錢都採取不計較的心，當人生少了計較與比較，便多了圓滿。

不管是父母情、兄弟姊妹、親子之間、同事朋友相處之道，都要懂得妥善處理，若處理不圓滿就表示這門功課是不及格，下輩子還是要再來補上這個不及格的課程。

很多人都不知道這一生是為何而來，也都懵懵懂懂只聽別人說，跟著別人做，其實我們來這世間，是學習把每件事做得圓滿，不管大小事，每個時段都有安排好的劇情，考驗著我們如何去看待解決。

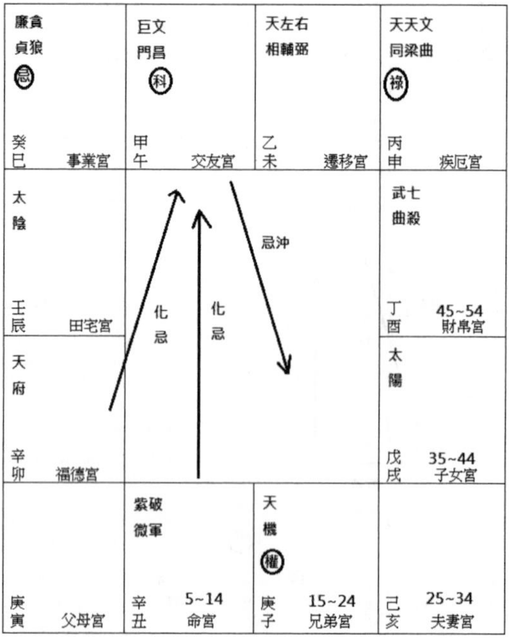

人該站在什位置或者該做何事，一張命盤裡早就規劃好，只是老天會在這張生命藍圖裡，幫你在某時段安插上一段劇情與一些男男女女主角，當戲演完了主角、配角便離開，留下你細思回味！

當我們懂得在這齣戲裡是扮演何種角色時，就會樂於其中開心演完，並告訴自己在這些人、事、物裡學習到什麼，是愛？是寬恕？是奉獻或者是……我也只能告訴你，你在這齣戲是賺到非常多的！

當你開始對生活中諸多事都感到不滿意有所抱怨，就會逐漸跟幸福產生絕緣，如果是一直處在怨恨他人、也處在排斥他人，只想得到卻不懂得付出，那成功的路必定永遠走不到，直到你接納了、肯放下了，懂得付出愛也承認愛，一切才會有轉機。

幸福其實就在我們身邊隨手可得，我們的生活本身就是一個學習的好機會，我們要從中去學會寬容、克服沮喪，化解嫉妒、斷除煩惱的智慧；幸福雖非天註定，卻是要我們懂得克服一切去追求，學習消除恐懼、自卑與負面能量，勇於表達內在真實的自我，才會得到圓滿與祝福。

【第四節】命盤主人是你，最大的敵人也是你自己

戊申年二月子時男

要在這個現實的社會環境當中生存，的確也存在著一些困難面，在很多情況我們無法做到面面俱到，然而要在職場上掙一番成績也必須戰戰兢兢。

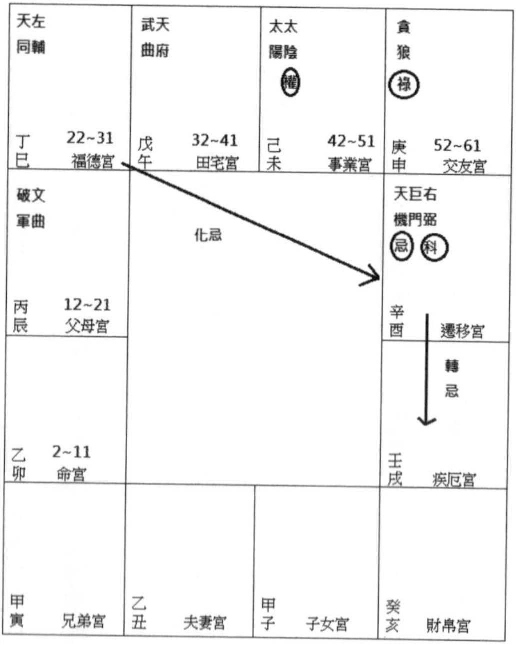

此張命盤主人福德宮化忌入遷移宮，個性浮躁愛恨激烈，總憑感覺衝動行事，做事少了思維；平時怨天尤人，卻絲毫沒注意到很多事都是自己言行舉止所引起。

命盤主人是自己，而最大的敵人也是自己，因為自己永遠都是無法看清事實真相，總是自我感覺良好。此張命盤主人遷移宮有忌也是耿直之人，遷移宮又自化祿容易被人左右思緒，也會逍遙忘性，一時得意忘了初衷，每每看到此人總是替他捏把冷汗。

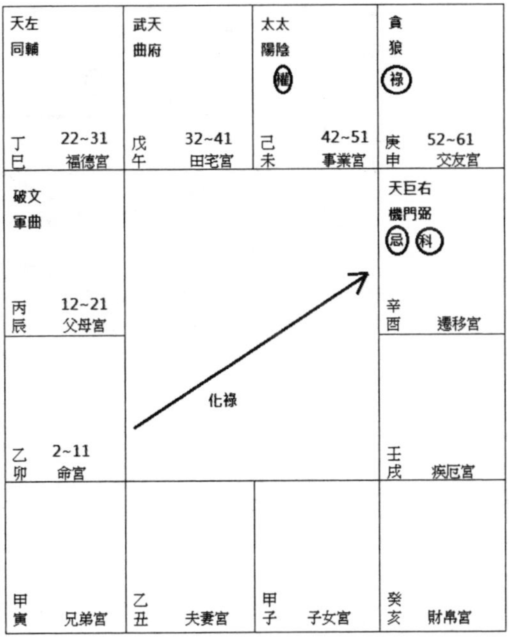

真是可惜了命宮化祿入遷移宮的好處，在外人緣機會與社會資源皆不錯，也因處事不夠深謀遠慮、容易衝動，創業維艱大起大落。

殊不知人跟人相處是一門大學問，一句話從口中說出會有何等的影響力，即使是說者無意……更錯在命主有時耿直太容易相信人，真心的付出也只換來絕情的傷害。遇到這些是是非非，沉默真的是最好的答案，與其聽一些無謂的困擾是非，只會更影響了自己的情緒跟思考。

人隨時都是處於備戰狀態，不管迎面而來的挑戰是大是小、是多是少，我希望命盤主人是能處之泰然面對挑戰，既然老天都敢丟如此重任給命主，就代表命主有如此能耐。

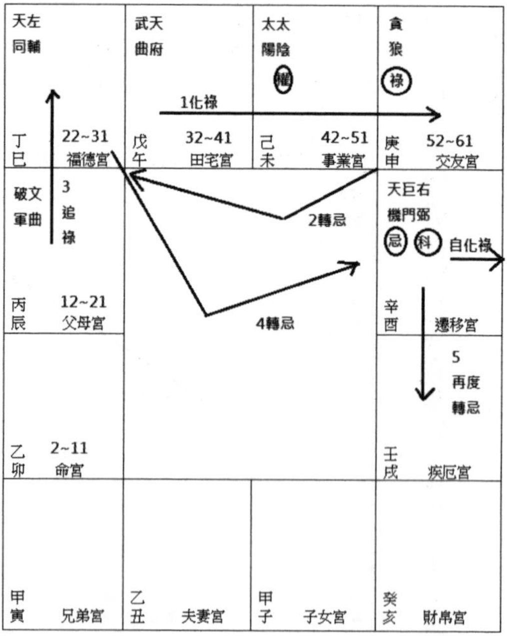

田宅宮化祿到交友宮人氣旺人脈好，一聲邀約高朋滿座，當轉忌到福德宮情緒宮

位，表現出命主樂於享受這樣的氛圍，也感到相當開心；當父母宮又追祿到福德宮轉忌到遷移宮又逢自化祿轉忌到疾厄宮，家中人潮高官顯要、人來人往，隨時佳餚美酒招待，此番情景讓命主樂此不疲。

即使隱藏著交友宮還是有忌入福德宮的溝通不協調讓命主悶，為何如此忙碌還是令命主開心愉悅呢？因為串到了表象宮位，這些貴客到家做客幫命主做足了面子，而命主就是喜愛這種被吹捧的感覺，這樣的現象能證明自己是非常有社會地位受人尊崇。

說過了命主也因為受遷移宮的忌影響，有時太過於正直少了觀察眼色，在被吹捧得飄飄然時忽然忘我，忘了隱藏底下的危機，正所謂換了位置便換個腦袋，深不知已有人黃雀補蟬螳螂在後，事後證實確實在商場上賠了錢，聽說還不只一次。

命盤上的每項課題與我們息息相關，是希望我們能智慧面對而不是盲目隨波逐流，身處逆境要忍耐，身處順境要謹慎。凡事先從改變自己開始，我們不能決定生命的態度，但我們可以改變它的寬度，我們不能決定天氣的好壞，但我們可以改變自己的心情，隨著時間經驗累積、老天考驗，學會試著讓自己情緒不受任何影響。

【第五節】
紫微星坐命宮，就一定好命有成就嗎？

丙午年六月申時男

命宮之宮干化文曲忌入父母宮，以單一忌來說會是個孝順父母的人，又馬上忌出於對宮，的確是喜怒於色，沒什麼好臉色給人看，還好有個祿擋住，還不至於把場面搞得難看。

天右 府弼 癸巳 遷移宮	天太 同陰 祿 甲午 疾厄宮	武貪 曲狼 乙未 財帛宮	太巨 陽門 丙申 子女宮
壬辰 交友宮			天左 相輔 丁酉 夫妻宮
廉破 貞軍 忌 辛卯 事業宮		忌出	天天 機梁 權 戊戌 兄弟宮
文 昌 科 庚寅 田宅宮	辛丑 福德宮	文 曲 庚子 父母宮	紫七 微殺 化忌 己亥 命宮

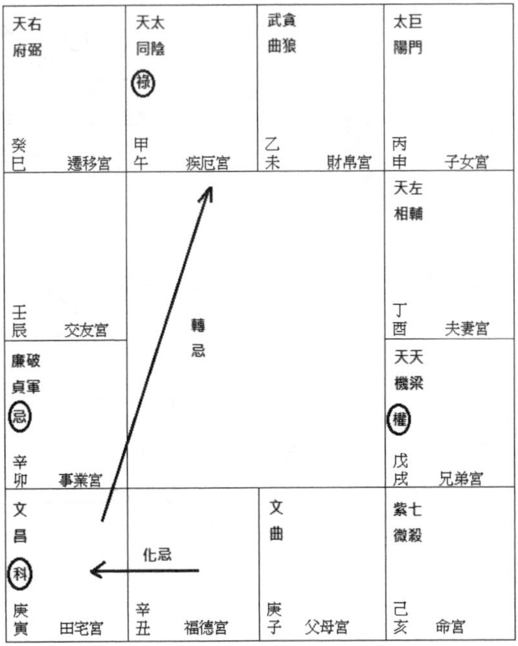

福德宮忌入田宅宮會因己身偏執想法與家人較格格不入，當轉天同忌忌入疾厄情緒宮位，在溝通上更會產生不協調。

此張命盤是由遷移宮立太極定格局，遷移宮化貪狼忌到財帛宮，時運不濟時會有金錢壓力，轉太陰忌到疾厄宮，身體勢必是常為了錢勞累奔波。命宮的忌順帶由父母宮追忌又帶進疾厄宮然後再度轉忌帶入子女宮（子女宮是田宅宮的遷移宮也是指在家的外

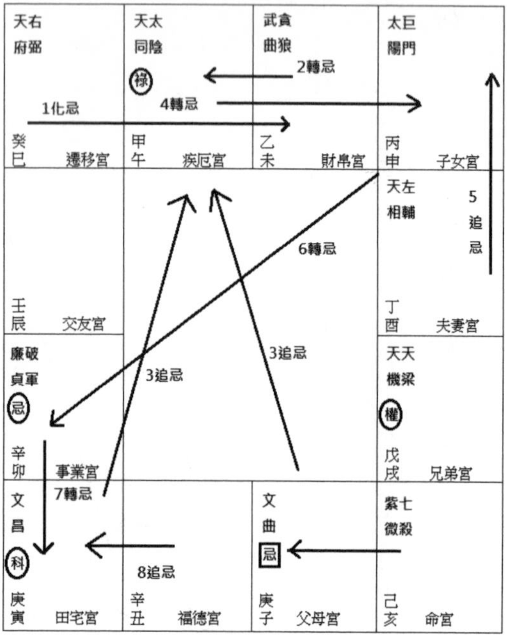

面），到目前的串聯宮位現象解釋，可以說是命主在外常常呈現出經濟出狀況，而命主給人的感覺就是東奔西跑在追錢，簡直可以說是挖東牆補西牆。

而後夫妻宮再追巨門忌入子女宮位後才得以轉忌入下一個宮位，轉忌入事業宮又逢廉貞生年忌，剛好遇到廉貞生年忌要順便提醒各位，轉忌後遇到同星曜生年忌或命忌是可以直接再度轉忌到下一個宮位。由於加上事業宮的生年忌和遷移宮都串聯多忌帶入到田宅宮，其實這中間也隱藏著第2任妻子是在命主還有婚姻狀況下，耍手段進入命主的家庭造成命主夫妻失和。

由以上諸多現象加上串聯多忌宮位相應，在43至52這個大限還是一無所有，大限命宮、大限田宅宮、大限遷移宮、大限福德宮、大限事業宮等都跟本命宮位相應串上，連夫妻宮也是一起串上與相應，不可倖免的，在這個家是沒有女主人，兩段婚姻也終究是離婚收場！

有些人天生下來就不愁吃穿，有些人卻是下一餐在哪還不知道？有些人是默默地安分守己做好自己分內的每件事，心平氣和看待每件事，妥善地把每件事安排處理妥當，有些人卻是一遇到事情，慌了、心也跟著亂了，變得不知所措，一張命盤到底要怎麼看才是好命盤呢？到底是要站在哪個角度看呢？

我說，真的沒有絕對論，但會是相對論，有因就有果，有好就有壞，同樣一件事情的發生，在不同命盤的人身上就會產生不一樣的答案，個性決定命運，個性也決定了答案。

命盤上先天環境與既定的個性，引領著命盤主人，喜怒哀樂走一遭，滿足與接受的程度也因個性承載耐力的不同有所評價。後天的學習，後天的努力，是可以改變一些命運的軌跡，同樣是走一回，結果或許會差不多，但有經過一番相當努力的人，人生價值觀感受與結果也會因此而有所改變與不同。

命盤劇情雖已安排，但你是這齣戲的導演，如何讓這齣戲精彩落幕，無需任由劇情照既定的戲路演下去，相信自己絕對有主導權選擇。

藉由了解命盤也是另一種學習與挑戰，這也是一個對自己人生體悟的探討方法之一，探討為何我們總是會因為某些事，或者受某些人影響牽連，我們又是該用哪種心態與方法來解決，或者是該釋懷放下呢……

即使所有人都看輕甚至放棄你，因而離你遠去時，別因此也把自己看輕，若因此放棄自己，不再為曾經編織的理想與期待的目標前進，如此的不堪一擊，不該是屬於你原有的本性。更要以此為警惕，要自己不能倒下，別中了老天的安排圈套，相信自己是獨特的，相信自己是能跨越這一個老天為你精心設置的人生關卡，因為當你跨越這個人生關卡，迎接而來的將會是最甜美的果實。

此張命盤主人是紫微星坐命宮，紫微星是帝王星是否就意味此張命盤就一定是好命有成就呢?未必……還是要觀看格局走向，這也是時下一些人還會存有的迷失，我看過好多張命盤是紫微星坐命宮，還真的未必有大成就。

命盤上的宮位因為忌的產生，會為命主帶來不順與不悅，總是讓命主印象深刻無法抹滅，也別忽略命盤中的祿，也是會為命主帶來喜悅。人生苦短，何必在學習過程中一直謹記讓自己不開心的過往，沒經過一番挫折，如何在錯誤中得到教訓，警惕自己不再犯同樣的錯。

智慧是從錯誤中學習，如果我們一心一意只想得到正確答案，沒有去認清錯誤，那就永遠都無法找到正確的答案;命盤上的忌是記載人生學習過程，也是要我們用心體悟，人並不是天生完美無缺陷，就在於心念如何轉。

【第六節】各宮位需注意自化現象

戊辰年五月未時女

當各宮位有自化祿、自化權、自化科、自化忌，便存在著消散現象，尤其是宮位產生自化祿與自化忌出時，更是需注意，自化祿出會容易遭劫，自化忌出則是會形成暗耗或消散。在情感方面來說，容易

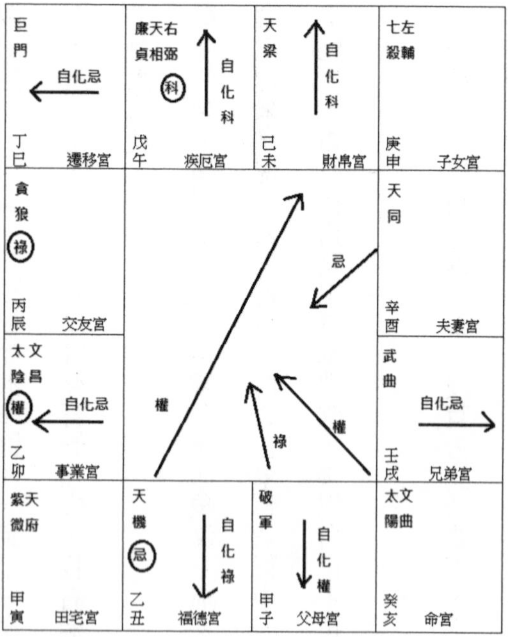

用情於當下，漫不經心、少了原則、優柔寡斷、耐性不足、不能記取教訓；在事物方面，無中生有（自化祿）、虛張聲勢（自化權）、若有似無（自化科）、有也變無（自化忌）；一張靜盤上自化的宮位也是其中需要參論重點之一。

此張命盤主人命宮化權入遷移宮，是會在外有能力與活力，也喜歡在外有所表現，讓自己受到重視；因為有膽識也利於創業與升遷，卻因為受到遷移宮自化忌出的影響，容易少了主見，沒了原則反反覆覆思維，對事、對人不懂應對與判斷能力，沒有防人之心，也時常不能記取教訓，耿直少根筋，所以想在外創業還是會受到此遷移宮自化忌出的影響。

兄弟宮干化武曲忌自化忌出，手足間感情淡薄或無情少助力，也會有漏財現象；夫妻宮忌出到事業宮，也等同夫妻忌出，這象義也等同夫妻的命宮忌出到遷移宮的意思，另一半個性也屬直性子，配偶事業心較重，生活上相處較無趣，會建議夫妻最好不要在同個工作場所一起工作。

夫妻宮忌出到事業宮，又逢事業宮自化忌出，凡宮位自化忌出容易產生不和諧、不穩定現象，諸如以上種種現象，還是奉勸不要動輒貪圖想做大生意，在金錢價值觀上也需導正觀念。

十二宮位需特別注意自化象義，以下針對命盤上十二宮位細分解釋。

命宮自化祿：

1 等同祿出，也要注意因為個性太隨興、沒堅守原則，而導致變濫好人。

2 個性天性樂觀、好相處；聰明、大方人緣好。

3 需要注意他宮飛入忌(需同星曜)劫祿，會導致遭設計或被人出賣還傻傻幫人數錢。

命宮自化權：

1 個性看來雖有自信，但少了定見。

2 看似積極、但容易不堅持、自以為是。

3 虎頭蛇尾、氣勢不能持久。

命宮自化科：

1 文質、秀氣、乖巧。
2 防優柔寡斷、也容易較做作。

命宮自化忌：

1 不會記恨，事情過了就算，但也會不容易記取教訓。
2 城府不深，不長智慧，做人做事沒原則，無法堅持。
3 看似無所謂個性，其實是自己缺乏耐心、意志力所致。
4 逢他宮飛祿以入（同星曜祿忌成雙祿），是人倒貼於我，得了便宜又賣乖。

兄弟宮自化祿：

1 兄弟之間看似有情，卻向心力不夠。
2 經濟上可以自給自足，卻少了理財規劃。
3 遇到他宮追忌入，則我庫遭劫，對我來說金錢上是損失。

兄弟宮自化權：

1 兄弟膨風強出頭，只會出意見，真到緊要關頭，不團結、各自為政。
2 會多出一些沒必要的支出。
3 看似積極，卻少了方向與目標。

兄弟宮自化科：

1 兄弟優柔寡斷。
2 應謹慎規劃理財。

兄弟宮自化忌：

1 兄弟間感情稍淡，無助力。
2 我的庫位（銀行存款）會不容易積蓄，也會無意間漏財，需加強財務規劃。
3 防體質下降，需加強運動、養生因為是疾厄宮的氣數位。
4 需注意收入不穩定，宜上班族。

夫妻宮自化祿：

1 看似異性緣旺，但會緣份不持久。

2 容易有不正常的感情觀或一夜情（需桃花星）。

3 看似甜蜜，防貌合神離，禁不起考驗。

4 容易感情遭劫，逢他宮追忌入，會受他宮影響。

夫妻宮自化權：

1 配偶任性、自以為是，未必有大作為。

2 防婚姻同床異夢，宜多溝通。

夫妻宮自化科：

1 配偶優柔寡斷。

2 感情似有似無。

3 容易是舊識牽起緣份。

夫妻宮自化忌：

1 貌合神離的婚姻感情，相聚時間少；在彼此對待關係上需特別用心經營感情。

2 不宜賭、投機。

3 防少小災病。

子女宮自化祿：

1 小孩緣雖好，但防對小孩教養少了耐心。

2 只適合短期合作，不適合長期合夥。

3 遇桃花星，防沒原則的爛桃花。

子女宮自化權：

1 小孩傲慢、不聽話，教養小孩不得要領。

2 只適合短期合作，不適合長期合夥。

子女宮自化科：

1 防小孩優柔寡斷個性。

子女宮自化忌：

1 對於小孩子的教養不得要領也少用心，子女緣薄、未必能養兒防老。

2 小孩對父母說的話，未必會放在心上。

3 合夥難成，或合夥緣不長久。

4 逢桃花星，來者不拒，需防過度沒原則的房事。

財帛宮自化祿：

1 賺取現金容易、很適合做日日見財的現金生意，也因手頭方便、缺乏理財觀而多花費。

2 身邊不可放置太多現金，以防浪費花用。

3 逢他宮追忌入（同星曜的祿忌成雙忌），則我財遭劫，倒貼於人，很容易被賣了還幫人數鈔票。

財帛宮自化權：

1 金錢容易整筆來，也容易大筆花用。

2 看似積極能幹卻沒有長遠計畫與管理，需加強理財養成儲蓄習慣。

3 適合賺時機財，好也不會長久，需時時換新產品，改善行銷手法。

財帛宮自化科：

1 宜做細水長流小生意，或上班族。

2 防理財計畫欠周全，雖然週轉容易，卻會增添不少借貸麻煩。

財帛宮自化忌：

1 現金緣差，莫名花錢，把錢花在不該花的地方。

2 不宜做生意，會有金錢風險，適合上班族。

3 財帛自化，代表金錢管理有問題，或不懂財務上的掌控，導致現金流失。

4 逢他宮飛祿入（同星曜祿忌成雙祿），得了便宜又賣乖，最容易生仇結怨。

疾厄宮自化祿：

1 慵懶，隨遇而安、沒耐性半途而廢。

2 不積極，機會總是從身邊溜走。

3 雖然好相處，但漫不經心，沒原則，容易被牽著鼻子走（疾厄是交友的福德）。

4 要小心容易發胖。

疾厄宮自化權：

1 身材結實，稍魁壯。

2 個性粗線條，傻勁，直衝直撞，少了方向的莽撞。

3 喜歡動，容易運動受傷，或撞、跌。

疾厄宮自化科：

1 雖文質，但優柔寡斷。

疾厄宮自化忌：

1 耐性不足，缺乏方向感，橫衝直撞。

2　情緒起落反覆大，不好相處，不能隨遇而安(疾 厄是交友的福德)

3　防過勞的空忙一場，宜上班族穩定。

4　格局差，容易發病吃藥無效，或很快死亡，也容易傷殘 、缺陷或器官摘除。

遷移宮自化祿：

1　喜歡嚐鮮，在外逍遙渾然忘我，沒原則。

2　在外雖外緣好，少了用心應對。

3　容易受人左右，防被人利用，(他宮同星曜忌入，祿忌成雙忌)會讓人產生怨念。

遷移宮自化權：

1　愛現、自我膨脹、自我感覺良好，虛榮好面子。

2　少了原則，不夠穩健，易衝動行事。

3　耐性不足，五分鐘熱度。

遷移宮自化科：

1 斯文，防做作。

遷移宮自化忌：

1 粗枝大葉、沒有防人之心，濫交友，不能記取教訓。

2 個性直、少智慧分別，處事亂無章法。

3 不喜逢迎，處事應對少圓滿。

4 格局差，防孤僻冷漠不好相處，不辨是非。

交友宮自化祿：

1 愛熱鬧，隨興交友，不理性判斷是否益友。

2 看似廣結善緣，卻都是信口開河，阿諛奉承、沒原則與理性的朋友。

3 格局好，人緣廣、人際和諧。

交友宮自化權：

1 交友多是愛現、膨風，無真心相對。

2 若有祿更是明顯虛榮、自傲，有困難即離去，不會相助。

3 格局好，多熱心主動的朋友。

交友宮自化科：

1 雖非情義相挺之交，也屬君子之交淡如水。

交友宮自化忌：

1 交友不長久，防友情禁不起考驗，或我待人不夠誠懇用心；對朋友態度少用情與不喜逢迎。

2 閒事少理，防公親變事主。

事業宮自化祿：

1 適宜短期回收的事業，不宜囤貨、本錢資金高的行業。

2 不可單一產品，需是重複使用日常必備消耗品，或是相關性附屬產品（多項財路）。

3 需有創新點子，又可以速戰速決賺錢的產品。

4 逢他宮飛忌入，挾自化祿（同星曜祿忌成雙忌）防倒貼於人，傻呼呼被人利用。

事業宮自化權：

1 看似積極，卻會虎頭蛇尾、不得要領。

2 不適合當老闆，較不長久。

3 以追求時尚、領先潮流、多元化生意手法，快速回收事業為佳，不宜大資本、回收慢的生產行業。

事業宮自化科：

1 加強於文宣、精緻、包裝。

2 宜上班領薪。

事業宮自化忌：

1 上班領薪最穩妥。

2 做生意需不囤貨、通路快、速戰速決現金買賣。

3 逢他宮飛祿入（同星曜祿忌成雙祿），得了便宜又賣乖，容易結怨生仇。

田宅宮自化祿：

1 少用心於家務與理財，責任心不夠，少計畫的持家。

2 家族成員不夠團結、積極與依賴。

3 家庭容易表象好看，彼此向心力不夠。

4 家庭宜經營現金生意，容易自給自足。

5 逢他宮忌入，則我庫遭劫（同星曜祿忌成雙忌）。

田宅宮自化權：

1 家族看似興旺，防各自為政、意見多。

2 防家庭成員多強出頭，而不團結。

3 只有強制性理財，才方可使家庭興旺。

田宅宮自化科：

1 書香、樸實、名聲自揚。

田宅宮自化忌：

1 漏財、暗耗，經濟日虛。

2 格局差，人生多起伏，難守成，財路不穩定。

3 對家庭不用心，家庭中成員各懷異志，少天倫樂。

4 容易搬家脫產，房產緣不足，不動產少登記自己名下。

5 最忌家中環境採光不足，雜物堆積、髒亂，導致家運產生厄運循環。

福德宮自化祿：

1 個性樂天好情緒，任何事都好商量。

2 對事看法會自得其樂，喜愛做夢。

3 防逍遙自在、對人生沒有目標、少了憂患意識，沒有生涯規劃、不積極無衝勁。

4 逢他宮飛忌入(同星曜祿忌成雙忌)，會倒貼於人，被賣了還幫著數鈔票。

福德宮自化權：

1 防自大、愛現、好面子不自覺膨脹，得意時好大喜功；格局差，搞不清楚局面。

2 看似積極，卻五分鐘熱度，少了計畫，容易衝動行事，重看不重用。

福德宮自化科：

1 雖能自我調適恬淡適得，卻也容易是優柔寡斷。

福德宮自化忌：

1 多愁善感，心情不一，總會不自覺煩憂，喜怒無常。

2 耐性不足，不堅持，總是看心情決定事情，對事情判斷少了分辨是非。

3 有時看似自在，卻是沒原則。

4 逢他宮飛祿入（同星曜祿忌成雙祿），得了便宜還賣乖。

父母宮自化祿：

1 父母自給自足，不需晚輩煩心。

2 會自認聰明讀書未盡全力。

3 會是表面討好、虛心接受，未必是全程真心真意付出。

父母宮自化權：

1 個性容易傲慢，招惹是非。

2 學習快，容易粗枝大葉。

父母宮自化科：

1 長相清秀、氣質。

父母宮自化忌：

1 個性率真、不拘小節，直話直說。

2 討厭煩雜形式，不愛重視外表。

3 格局差，不愛念書、不虛心。

第五章 命盤分享

【第一節】學習做一個有智慧的女人

丁巳年一月寅時

「分析一」

紫微 七殺 乙巳 53~62 交友宮	文曲 丙午 遷移宮	丁未 疾厄宮	文昌 戊申 財帛宮
天機 天梁 左輔 (科) 甲辰 43~52 事業宮			廉貞 破軍 己酉 子女宮
天相 癸卯 33~42 田宅宮			右弼 庚戌 夫妻宮
太陽 巨門 (忌) 壬寅 23~32 福德宮	武曲 貪狼 癸丑 13~22 父母宮	天同 太陰 (權)(祿) 壬子 3~12 命宮	天府 辛亥 兄弟宮

命宮有生年祿與生年權，這張命盤看起來好像挺不錯，是嗎？若單純用這樣的思維來看這張盤，那就大錯特錯啦！這就是之前一直在強調的重點，別以為帝王星坐命宮，就一帆風順或者就是與眾不同。

每宮與命宮都有著不可切割的對等關係，不能單憑一宮的星曜，就來評斷一個宮位全部現象，只能初步簡略說明在宮位裡坐落的星曜是何性情？也只能說出斗數命盤原本就存有的靜態象義，就等時間點觸發才會真正引動那存在原有的靜盤現象裡會發生的現象。

命宮有生年祿，也說明此人有好情緒、懂人情世故，讓人覺得好相處，衣食無憂、有福。命宮有生年權，會較主觀、個性較剛強並帶點任性，格局好當然無妨，會衝刺屬於自己的事業，女命也有著女強人的特性；若反之格局不高，只會堅持己見，聽不進任何人的見解，當聽不進任何人的勸，是否也就存在著意見不一而引發衝突呢？

一件事情總是一體兩面，各有各的看法與說法，也就公說公有理、婆說婆有理，公道自在人心；常說個性決定命運，同樣一件事情的處理方式，也會因每張命盤裡，主人個性的不同，處理態度也絕然不同的。

個性可以改嗎?我說當然可以，隨著年紀愈增長，人生歷練豐富，後天低調努力修為，鐵杵都可磨成繡花針，何來不可能有所改變呢?

原本命宮有生年祿與生年權看似有福，經由命宮壬宮干轉忌到了父母宮位，又再度自化忌出，整張格局觀看，我只能說，珍惜現有資源要惜福。

此張命盤主人問我，她的命運是否會如其他命理師所說是離婚格?我反問命盤主人，是否就因為如此一句話，覺得該離婚呢?

何不好好善用妳命盤上命宮生年權的韌性，不服輸的個性，好好經營妳的家庭關係；把時間跟心思，多用些在妳身旁的親人，得到公公、婆婆的疼愛，與老公的愛惜。

老公與公公、婆婆不是不疼愛妳，只是他們用了妳不習慣的方式來愛妳。但妳知道嗎?妳也必須學習體諒他們，因為他們也不懂得該用哪種方式疼惜妳，這是彼此在關係上認知的角度不同所造成。

當妳一直把這種感覺認定成是不愉快，那不愉快的心情，就會一直深植在妳內心揮之不去，久而久之妳就被說中了，妳該離婚……

我也很慎重跟命主強調與建議，依命盤來探討，離了婚也未必更好，何不好好打起精神，想想該怎麼經營與維繫彼此之間的親情與感情。有時就小小發揮自己福德宮愛享受花錢的特質，買個小物品或喝個下午茶，慰勞自己來個小確幸！

但千萬千萬也要記住，要出手花錢的那一剎那，先動動妳的小腦袋，別受妳福德宮裡那顆巨門生年忌影響，總是花錢買到不應該買，或者沒用途的東西，然後事後後悔萬分！

把錢善加應用，比如說有十元，就花個四元，讓自己小確幸是無傷大雅，其餘六元存起來；不是叫妳不能花，因為這張命盤個性，要妳不花錢，也簡直是要妳的命。

〔分析二〕

這張命盤在去年一〇四年坐未宮位置時，我已告訴命盤主人，什麼都別想，就是先找個工作，工作個3小時沒關係，賺多賺少無所謂！

明白我的用意何在嗎？我只是要命盤主人先轉移環境，認識新朋友，就不會把全部心思放在目前讓妳感到悶的人身上；當妳整個腦細胞都死鑽在讓妳不開心的人身上，妳會開心不起來，反而越把自己往不幸思想裡丟，只會讓自己越搞越糟……

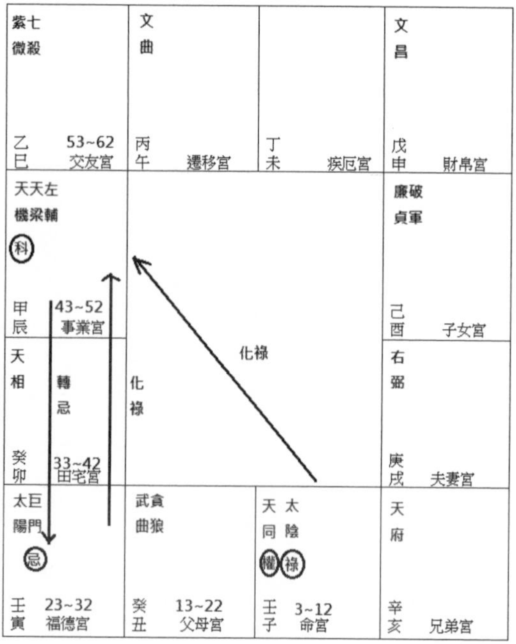

命宮與福德宮都化祿到事業宮，是會順心找到工作，也喜歡在工作中找到自己的

成就感，這份工作前提是必須自己有興趣；否則會不是很積極與敬業，就存在著當一天和尚敲一天鐘，滿足於現狀有工作便好。

到了一○五年時命盤主人才外出找工作，告訴我，懂了！終於懂我在一○四年請她外出找工作的用意了！現在已有些開心的轉變……只可惜又浪費一年囉……

「分析三」

在飛星手法裡，凡是生年祿與生年忌，都需再度轉忌到下一個宮位，而此宮位也相同會有生年祿與生年忌的功效。此命盤生年祿在命宮，命宮宮干是「壬」，經由化武曲忌轉忌到父母宮，所以等同父母

宮也有生年祿。

命宮生年祿解釋：

1. 隨緣、好情緒、不記恨、人緣好。
2. 一生少煩憂、衣食較豐足。
3. 學習能力佳，利於念書、考試、公職、證照的取得。

此命盤的生年忌在福德宮，福德宮的宮干是「壬」，經由化武曲忌，轉忌到父母宮，所以等同父母宮也會有生年忌。

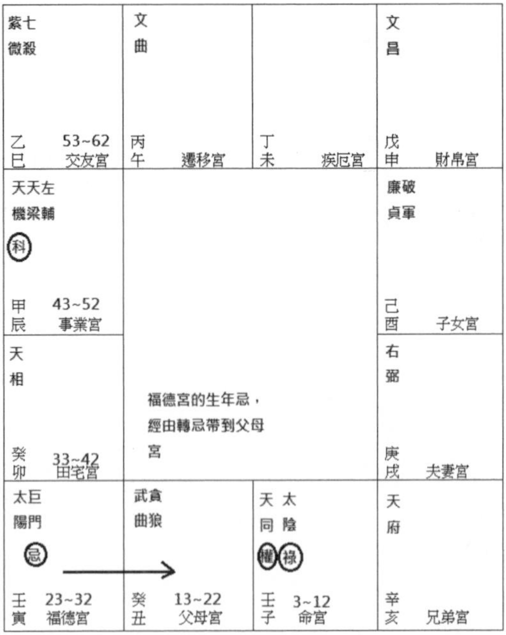

福德宮生年忌解釋：

1 喜愛貪圖享受，會為了享受不惜花錢，對花錢較沒概念、不滿足。

2 少投機在貪快發財的區塊，或偏執自我喜好自誤前程。

3 格局差，容易杞人憂天、過於計較，或情緒反差大。

4 適合仲介、專業性的研發、設計興趣的工作。

父母宮生年忌解釋：

1 長輩緣差、跟父母間相處較難溝通。

2 不善表達與察言觀色，容易面惡心善，表情嚴肅，個性不婉轉、一板一眼。

3 容易脾氣快直、得罪人。

4 讀書、考試需要更加倍努力，很難投機取巧。

5 格局不佳，容易沒耐性、激動、脾氣大、變動大，也易有房貸、戶籍、稅單、證件、契約、罰單等文書問題。

6 格局佳，喜愛念書，孝順父母，但會是嘴巴不甜的孝子。

舉凡以上這些命盤上的小細節都要一一加以細分探討，格局高低也會影響整個命盤該如何取向。

夫妻宮宮干化天同忌忌入命，原本就會有溝通上的問題，又遇上天同生年權，這下可是熱鬧了，絕對會吵得讓命主心煩；轉武曲忌到父母宮，福德宮的生年忌也轉忌帶到了父母宮，這個吵絕非小吵，吵什麼呢？就是（武曲）金錢上的爭吵。

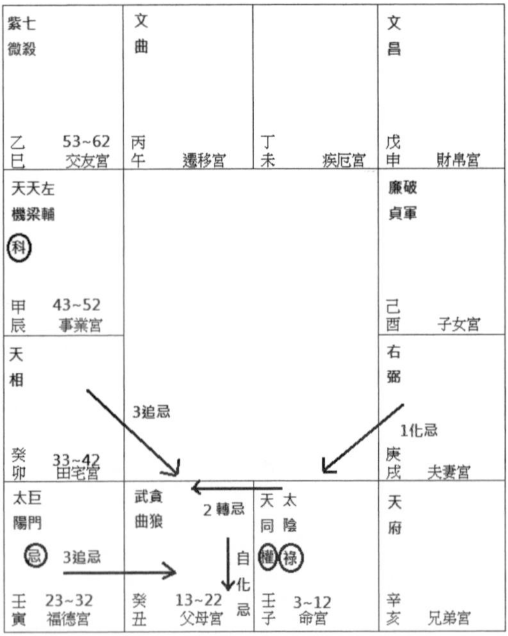

田宅宮也追忌到父母宮，又逢父母宮位自化忌出，吵鬧到家裡的長輩看不下去，跳出來主持公道；這位命主家庭原本就是讓長輩操心擔憂，命主情緒上若沒稍加掌控，肯定上演武俠劇，繼而想分家。

在踏上一〇七年本命夫妻宮位，適逢命主42歲還在此33至42歲大限內，大限命宮、本命命宮、流年命宮相應了，本命夫妻、大限夫妻相應，本命田宅、流年田宅相應，流年福德、本命福德相應，在踏上這年會如何上演驚心動魄劇情呢？

在我內心黯然期許，希望命主能平靜安然度過這一年；夫妻相處之道本就是需多加容忍，想要維持一個美滿婚姻，著實是一門深奧的學問。

夫妻雙方都需試著努力改善，而不是只靠單方面付出，在心理學的層面角度建議，要試著多聽聽對方的聲音，傾聽對方的感覺能提升關係中的安全感，避免帶著毒性的言語侵犯對方，用溫和的態度適時的將內心想法表達，讓婚姻充滿著溫暖、尊重、和諧的氣氛。

一個美滿的婚姻是需要兩人同心協力經營，才能相互扶持走下去，多看看對方的優點，而不是把缺點放大，在日常生活中多表達對對方的愛意，不要吝於說出愛。

多感恩對方的好，多回想當初執意走在一起共創家庭的美好回憶，不要等到無法收拾的局面時，再來後悔為何衝動做出這樣的決定。

永遠不要去回想當初該做怎樣的選擇，該讀哪個科系，該找怎樣的工作，或是該嫁怎樣的老公，更不要後悔抱怨曾做過什樣的決定，因為在人生的路上沒有絕對把握的答案。

當被人誤解，在當下有時選擇沉默是最好的答案，據理力爭未必是解決方法，不用去想所有人理所當然應該認同或理解你的想法，因為你只要做最真實的自己，選擇做個有智慧的女人。

【第二節】發現更真實的自我

丙辰年三月亥時女

生命旅程中每個階段都會存在一個心理的危機或轉捩點，而我們都必須為自己找出平衡點，來達到身心靈平衡，生活最大的成就就是不斷的改造自己，為自己創造出價值，為自己悟出生活之道。生命存

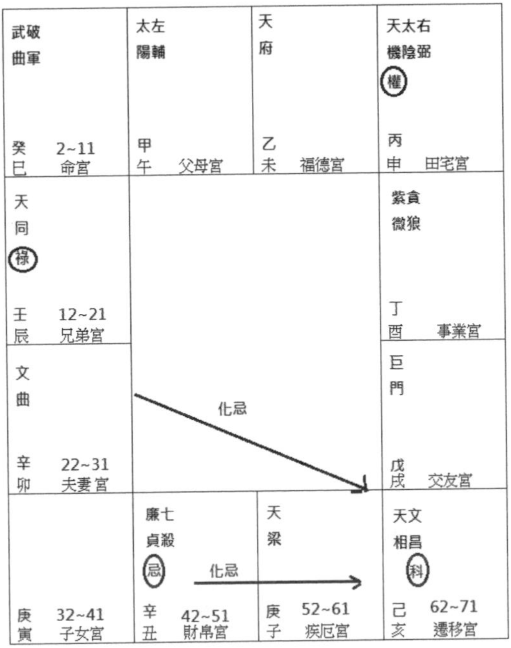

在的意義就是懂得利用紫微斗數命盤，察覺出自己行為模式，適時的在紫微斗數命盤裡找出適合自己的改造方式，讓自己變得更好。

當夫妻宮化忌入遷移宮，忌沖了命宮，是否就可以一口斷定，命主跟夫妻就是屬於無緣呢？這樣是否有點太大驚小怪了呢？難道不能稍微變通一下，就選擇偶爾聚聚，不共同工作也不干涉對方，或者分隔兩地、小別勝新婚呢？

我相信命盤上的缺失，就是我們學習改進的方向，不是任由擺佈，中了老天安排的招數，也不是找藉口屈服，好像無法跳脫命運安排一樣；應巧妙稍作調整，就像女人為了愛美，不惜在臉上動刀改變一樣，難道不能因為為了自己好，叮嚀自己稍作改變與調整嗎？

基於職業的關係，我喜歡靜靜的觀察與聆聽，我尊重與珍惜坐在我面前與我交談的人，更是清楚記得每個人所說的每一句話，即使對方已經忘記或隨口無心說說。對於這樣的事或人，我選擇淡然看待，更是警惕自己要有雅量勇於接受。因為這樣的人跟事在我們的生命中，總是會像電影情節一樣，時常在輪番上陣，所以不需讓這樣擾人的情節

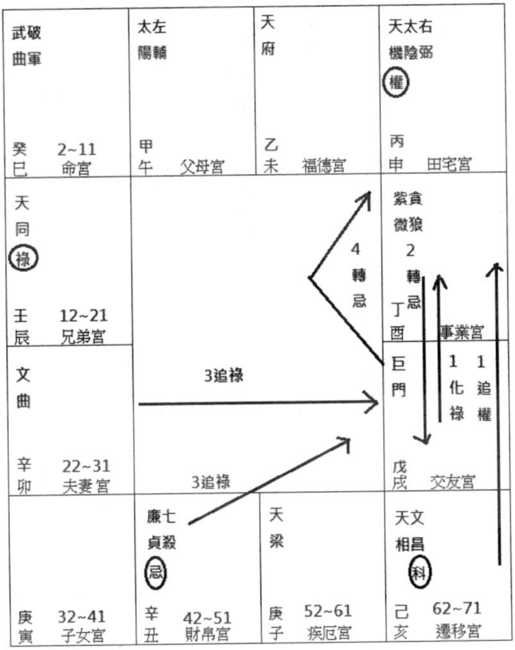

一直上演，佔住我們生命中太大的位置。

交友宮化貪狼祿加上遷移宮拱權到事業宮，說明在外會藉由著人氣幫助到事業，讓事業或業績成長。

觀照鏡子只能看到表面，看到外表的美醜，並沒有辦法看出深層意識；觀照紫微斗數命盤，卻能清楚觀照出自己與身邊親人、朋友、同事關係和不和諧，並透過自我覺知來療癒彼此的關係。

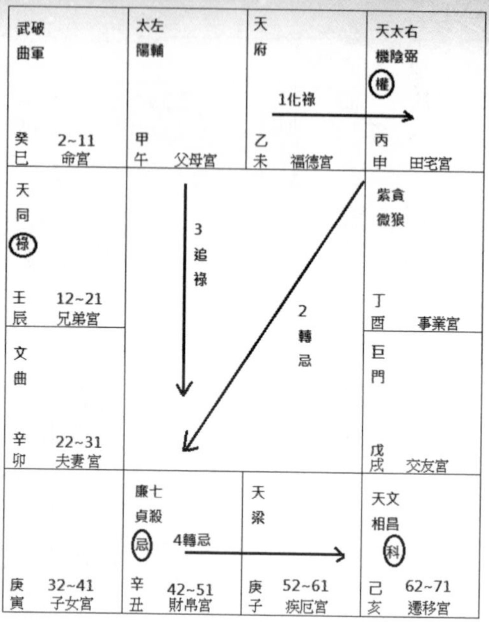

一直以來我們也都自認為是非常認識自己，一定沒有誰比我們更認識自己，也會信心滿滿的回答絕對沒有；連對睡在身邊的人也都自認非常了解，其實千萬別存有這樣的想法，會把自己變得很恐怖，最終讓自己也受傷了……根據老一輩經驗談，睡破三張草蓆，老公（老婆）的心還是摸不透。

當觀點加上自我意識濃厚，便會形成固執己見，聽不進別人的建言，對事物採取堅決立場，只想捍衛自己的想法；命盤上的忌對執著學習是很有力量與幫助，對於執著在對自己不利的觀係上就會產生不和諧，這樣不妥的關係在一開始是無法察覺到，往往到了事態嚴重一發不可收拾時後悔莫及。

紫微斗數命盤猶如一面鏡子，清澈照出個人感情觀、金錢觀、心理觀、社會觀、家庭觀、親情觀等等，過去的我總是我行我素、大喇喇行徑，總以為只要做好自己分內的事，在沒有妨害他人行為下，我的所作所為都是合法化。這樣的想法雖也沒有硬性規定是好或不好，說好聽點是率直，反向卻是容易失禮而不自知，也容易讓別人受傷。

這樣的情形是我在自己的命盤上發現，如果沒讓我接觸到這門學問，讓我有機會來探討這問題，我真的不會自我反省，並且思考這些反常行為到底是從哪來？原來是受我父母宮自化忌出影響，父母宮不只看爸爸關係、上司長輩與我的關係，也是一個修養學習宮位。

父母宮是遷移宮的共宗六位，遷移宮是個人在外的表象宮，也是心理學上所說的社會我，是在社會上包含不認識的人對我的觀感，如何在一個廣大社會立足，父母宮的修養佔極大位置，若想要在社會上立足可真要好好努力改變行為，要更有禮貌更有修養。

我藉著紫微斗數這面鏡子，來發現更多層面真實的自我，這面鏡子呈現出我對自我了解的渴望，渴望更認識自己，渴望生命裡會出現奇蹟，我有這麼好的一項工具，我要帶著它輔佐我，讓我變得更好，我要帶著它跟大家分享好處，它不是宿命論，它只是一個工具，它是一個能讓我們更清楚認識自己的好工具。

命盤上文書宮位是父母宮，化廉貞祿到財帛宮，表示我若想要有財的來源，必須靠著打電腦（廉貞）寫文章，而後轉忌到遷移宮，是要分享理念給廣大社會結緣。

福德根器位化天機入田宅宮，只要入到田宅收藏宮，就表示這學習緣不會中斷，天機跟命理宗教皆有緣，也是轉忌到我的財帛宮位，然後父母宮追廉貞祿到財帛宮，才能再度轉忌到遷移宮。這幾個宮位串聯後的解釋，也在在說明我會喜歡命理宗教，也會讓大家知道我是屬於這區塊。

一路走來確實是很妙的因緣，我的同學、朋友壓根兒不會把我跟宗教命理聯想在一起，因為過去的我根本就不愛念書，是個愛翹課泡夜店愛玩咖，現在竟然是個愛畫佛畫愛讀書的傢伙，還真的是跌破一群朋友的眼鏡啦……

紫微斗數命盤讓我清楚我的缺點在哪，我該做怎樣的改善讓我變得更好，我在這學習斗數旅程當中體悟到很多，我絕對相信這斗數命盤是幫人的工具，除非思維邏輯用錯方向⋯

【第三節】貌合神離的夫妻

分析一

遷移宮化祿入夫妻宮，呈現際遇好（祿照事業）也容易逢凶化吉，在外形象好，往來人際交往中異性多於同性。

逢廉貞、貪狼桃花曜更是魅力十足，可賺桃花財，但需注意可別

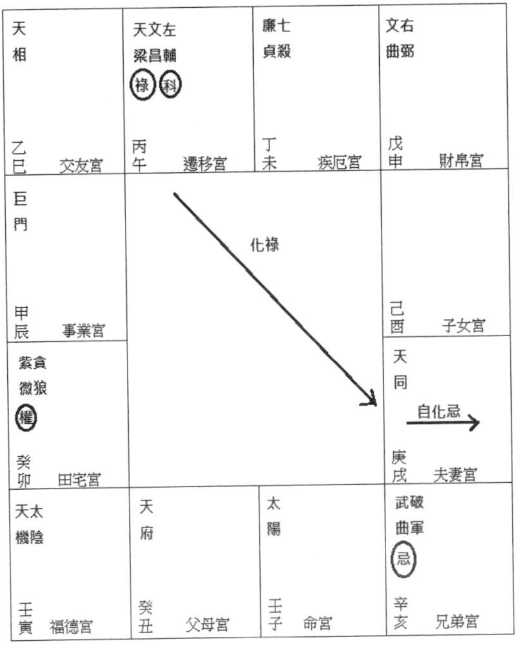

處處留情，為自己帶來不必要麻煩，此張命主既不是桃花星，又逢夫妻宮自化忌出，著實不善處理感情與婚姻上的經營。

分析二

福德宮化忌入兄弟宮，又逢兄弟宮武曲生年忌命忌，共三忌沖了婚姻的共宗六位，多忌在兄弟宮，沖了交友宮，而交友宮又是夫妻的疾厄宮，沖了另一半的身體，表示跟另一半的身體較無緣聚再一起。

本身夫妻宮又自化忌出（夫妻自化忌、忌出），要注意不善經營或少聚情疏的婚姻，小心貌合神離感情生變，不宜賭、

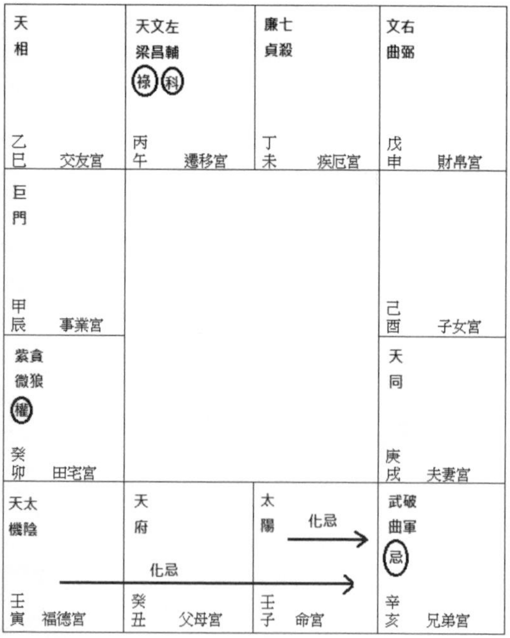

投機。還防少小災病，有此徵兆更應該用心經營婚姻。

分析三

遷移宮化忌入疾厄宮，需注意人事上的紛爭與生活上的繁雜給自己帶來不必要的麻煩，當轉巨門忌入事業宮，宜當閒事少理，更需注意一些意外是非、小人，或不名譽等情事不請自來，讓命主造成困惑。

遷移宮來的忌入事業宮又忌沖夫妻宮簡稱無緣啦，從以上三種分析角度，就足以構成夫妻為何總是在相處上格格不

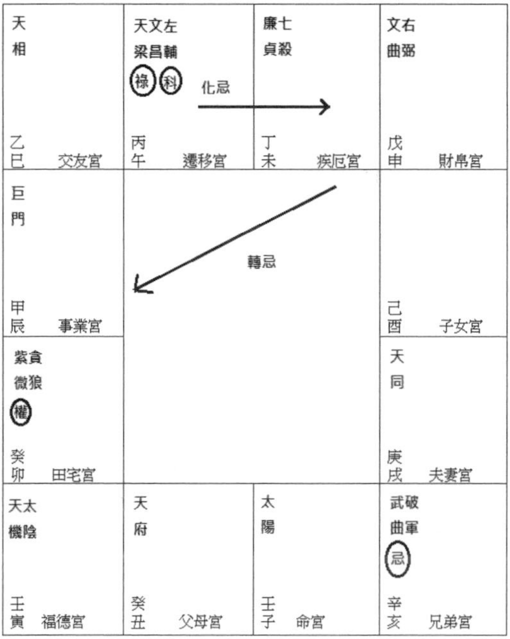

入，即使夫妻庚宮干化太陽祿入命宮，對命主是諸多包容，卻也因為命主異性緣好，而種下日後潛伏危機。

一個家庭一對夫妻，兩個來自於不同家庭環境的人，因為緣份牽扯在一起，彼此有各自的生活習慣，如果是善緣，必定相知相惜，如果是惡緣，鐵定無法相伴相隨。一份真的愛，是當你在受了委屈時，對方會主動安慰你，真心疼你愛你的人不會輕易讓你傷心流眼淚，好的另一半是陪伴你成長進步，而你也願意為了他改變，不需抱怨對方少為你做了什麼，或者他該理所當然為你做什麼。

種種現象對命盤主人來說是較多考驗，夫妻之道重在維持與經營，感情是需要勇氣面對，需要經營。感情就像一壺茶，會從熱呼呼的一杯茶慢慢變冷，當冷了，好多人都選擇不再加溫就喝了，為何不再動個心思把一杯冷茶煮滾成剛開始滾燙好喝的茶呢？

【第四節】發現生命中的喜悅

命宮忌入兄弟宮又轉忌到財帛宮，女命通常是職業婦女，也是個只要是錢不管小錢或是大錢，都會想賺的人，在人生中努力賺錢當然是好。

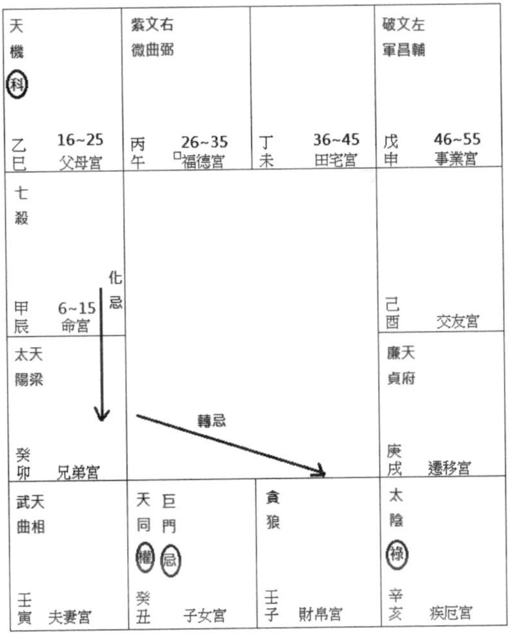

福德宮忌入遷移宮，個性上會較浮躁、急性子，轉忌到子女宮與子女宮的天同生年權碰在一起，就容易跟小孩在相處上有磨擦，田宅宮追巨門忌入子女宮，再度轉忌入財帛宮。巨門生年忌再加上命宮的忌都串聯上，田宅、命、遷移、財帛多宮相應，你說人生會有多大的起伏，個性浮躁容易招惹口舌是非，很多事少了思維，在36到45歲這個大運時，周遭環境給命主帶來不好的結果。

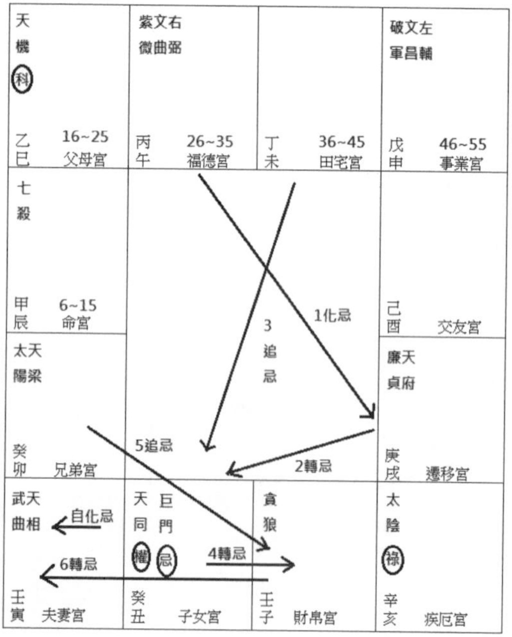

命宮化祿入遷移宮，具有群眾魅力，在外際遇好機會也多，轉天同忌入子女宮得福德宮追天同祿再度轉忌到財帛宮，表示老天爺還是有留給她混飯吃的技術，會有機會賺錢。

曾幾何時那段陰霾還藏在心底，糾結成一小段變成無法逾越的障礙，再驀然回首，曾經的陰霾只不過是人生長河中的一朵浪花，如梭歲月裡的一縷馨香。人只有在經歷了無數次歲月的洗禮後才會逐漸的走向成熟睿智，真要感謝那些曾經讓自己成長的人，是這些人讓我們走向成熟睿智，讓我們學會了感恩，可以收穫不同的人生。

生活需要一顆感恩的心來創造，一顆感恩的心需要生活來滋養，常懷感恩心，一生無憾事。翻開日曆，一頁頁嶄新的生活會因爲我們的感恩而變得更加璀璨。

每個人對錢、感情、親情、事業的看法各有不同，有人覺得景氣不好只要有一份穩定的工作，不缺錢、身體健康，就感到心滿意足。也有人覺得，一千萬不夠、兩千萬不夠、想擁有更多，房子也是要越多越好。但可曾想過當你已經擁有你所想要的一切，會不會又因為滿足不了內心的慾望奢求，覺得缺少什麼，於是又開始覺得遺憾呢？

古人陶淵明：智者樂山山如畫，仁者樂水水無涯，從從容容一杯酒，平平淡淡一杯茶，細雨朦朧小石橋，春風蕩漾小竹筏，夜無明月花獨舞，腹有詩書氣自華，保持坦然開朗的心，一杯白開水也喝得津津有味。

我告訴這位命盤主人，妳人生輝煌的那段歲月已經過去，現在是學著幫自己造福。更要珍惜身邊子女乖巧孝順，家庭和樂不就是我們所要追求的目標，人生也並非得要家財萬貫才快樂不是嗎？

快樂與痛苦雖在一線之隔，生活的樂趣卻是自己可以營造與尋找，就看我們想選擇哪一樣，相信沒人是願意選擇痛苦的。

【第五節】愛情與感情如何分，如何面對失去又該如何療癒

在愛情不來時是會有一種期待的心，當來時又是讓人捉摸不透，會好衝動時時刻刻想著對方嗎？會的，是會失去理智與判斷，一心只想著佔有與享受。一旦激情過後，怦然心動感覺沒了，愛情就會昇華

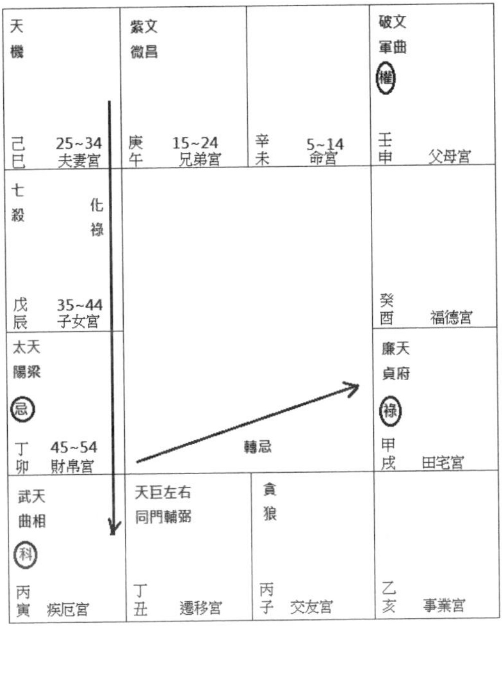

成感情，變得理性了……知道自己想要的是什麼，也清楚該如何看待這段感情，懂得如何去愛、想要怎麼愛。

走在路上走錯了路，都還懂得要回頭轉個方向，偏偏在愛情路上，看錯或選擇到不對的人，卻忘記轉過身來想想是否該放手。選擇放手，並不是妳不值得愛，而是妳值得等待更愛妳的人來愛妳。也不是對方不好，因為妳的放手與祝福，對方也會等到愛他的人。別等待命運（命盤）決定妳的際遇，深入學習與探討，妳是值得擁有妳想得到的，或該是妳擁有的最好生活，並在每一個領域做好自己該做的事，進而感到喜悅與充實……

這張生命藍圖主人是一位各方面條件都不錯的美女，在這25至34大限坐夫妻宮，論感情以夫妻宮立太極，夫妻宮宮干化武曲祿到了疾厄宮，容易從朋友相處久了變情人，在外異性緣好、溫柔與體貼，轉忌到了田宅宮表示這個緣是綿綿不絕，異性對命主的溫柔體貼是絕對肯定有的。

夫妻宮化祿到疾厄宮轉忌到田宅宮，會有夫妻宮化祿到疾厄宮與夫妻宮化祿到田宅宮兩種解釋，夫妻宮化祿到田宅宮會結婚成家，也容易置產結婚。

化祿到田宅逢自化祿再度轉忌到財帛宮，兄弟宮再追祿到財帛宮轉忌到遷移宮，命宮的祿再追進來串聯四祿，由夫妻宮化出的祿（緣）理應有結婚的象。

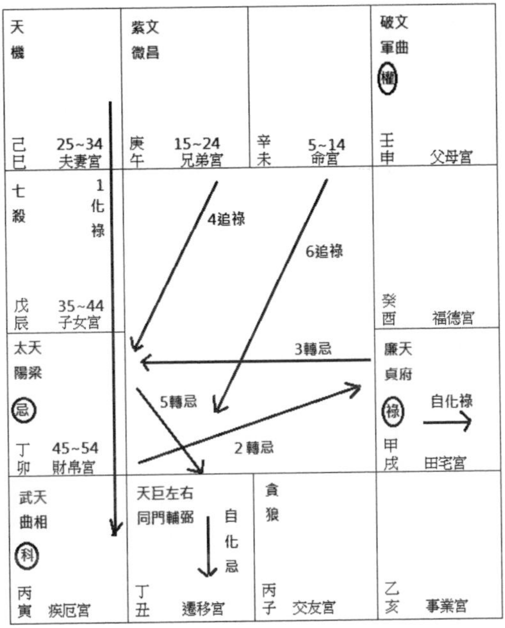

卻因為夫妻宮忌入父母宮文書宮位戶籍上較無緣，沖了疾厄宮也會跟自己的身體無緣影響，容易在感情裡跌跌撞撞，選擇一再原諒對方。

女人在面對感情的抉擇，總是處於感性，女人與男人不同的是，男人在面對感情處理總是較理性果斷；或許跟男人會把全部心思放在事業上的經營，感情不會是他生命中的全部，感情在男人生命中只是個點綴品，只是讓生命增添些風采滋味。

從心理學的角度來說，男人在愛情的取捨都來自於一時激情與衝動，而女人的愛情則是建立在內心渴望穩定和一份依靠，沒有一段關係是永遠存在的，當愛情開始變味，所有關係就會像罐頭食物一樣有保存期限，終究會到了過賞味期的時候。

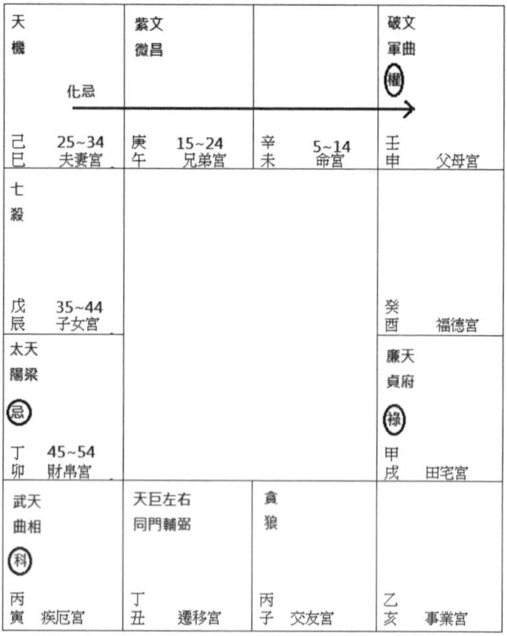

在這段壓抑的關係中會如何選擇呢？是該繼續忍耐或者願意嘗試努力掙脫呢？如

果無法製造雙贏，增進彼此之間的關係，那是否該重新思考選擇－分手。以正面的角度來看待分手，放手離開反而是一種新的開始與轉變，分手不代表是失敗的例子，而是學會用看待事情的角度，與找出解套方法，放開一些會摧毀我們精力的人事物，就會有空出多餘的位置，來迎接更美好的事物。

一段不健康的關係，只會讓人情緒沮喪低落，因為彼此的緣份關係或許就是已到終點站了，只是我們在面對這樣的關係失去，我們不知道該做如何的療癒，讓傷害點降到最低。不管是面對一段感情的失去，或者是一段親情也或者是一段友情的失去，我們都很習以為常把「失去」當作是損失，以為失去就是不再擁有。當我們勇於面對失去的感受時，其實就面臨了許多潛在的改變，因為我們開始懂得在幫自己整理，一段不再有可能修復的情感。

記得曾看到一句電影對白說，不是你的菜，不要掀鍋蓋，不是你的愛，不要求依賴；人生中有很多選擇，愛情不單是生命中的全部，一個懂得生活的女人，是不管到幾歲，也不管身邊有沒有老公或男友，就是會時時提醒自己不斷進步與學習，努力提升自己。

人生最可怕的事，不是變老也不是沒伴，而是心靈沒成長。歲月的流逝，時代的變遷，結婚不再是人生必經的過程，在一段關係中，當彼此都受傷了，也不敢承認自己的脆弱，一再地默默承受，不願放手認輸，而耗到最後贏家也未必是自己。

在這段受創的關係中，該如何療癒自己傷痕累累的身心，有些苦說與不說，也不再是那麼重要，隨時間流逝，心越成熟就越明白，要感謝不愛妳(你)的他(她)，已先行離開，彼此不需為結婚而結婚，不需惋惜與回朔，只管放手與祝福，沒關係放手吧！暫時的獨處並非孤獨，而是會為內心帶來更真正的自由。

女人總是習慣把愛情看得比生命還重要，願意為自己所愛的人付出一切，也可以原諒男人過去所犯的錯誤。還好此女個性不錯，會幫自己調適不怨人，並且不執著，認真過每一天，相信她會走過……並在下個大運37歲順利開花結果。

【第六節】想跟怎樣的情人過美麗情人節

美麗的西洋情人節，對身邊有另一半的人來說，是既期待又怕受傷害。

期待的是，今天另一半會不會突然捧著一束，點綴著99朵玫瑰的滿天星花束？或者是捧著滿滿的心型巧克力，突然出現在眼前、告訴

武曲 破軍 (祿) 己巳 交友宮	太陽 右弼 庚午 遷移宮	天府 辛未 52~61 疾厄宮	天機 太陰 左輔 壬申 42~51 財帛宮
天同 文昌 戊辰 事業宮			紫微 貪狼 (權) 癸酉 32~41 子女宮
丁卯 田宅宮	化忌 →		巨門 文曲 (忌) 甲戌 22~31 夫妻宮
丙寅 福德宮	廉貞 七殺 丁丑 父母宮	天梁 (科) 丙子 2~11 命宮	天相 乙亥 12~21 兄弟宮

妳：親愛的，情人節快樂！讓妳又驚又喜。

受傷的是，天啊！他竟然不知，今天的妳是多麼期待能與他吃個情人大餐，共度甜蜜浪漫的一天，為什麼他會如此不懂情趣呢？別驚訝！這跟個性有關，每個人表達愛情的方式不同，有人可以輕易把愛掛在嘴上；有人卻是默默把愛放在心裡。

當你渴望另一半溫柔深情對待，那可要建議你，找個斗數命盤上，有福德宮化祿入夫妻宮的命盤主人，因為福德宮化祿到夫妻宮的人，對另一半都會很感性、輕聲細語溫柔對待。

命宮化祿到夫妻宮的人，也會對異性好，但這種好僅只於尊重關心，沒有福德宮化祿到夫妻宮來得好，以上兩種飛化都是會把愛表現出來。

另一種把愛放在心裡，疼惜另一半、默默把責任擔在身上，就屬命宮化忌入夫妻宮，這種是任勞任怨責任型的人；夫妻宮化祿到父母宮、命宮、兄弟宮、子女宮至親的宮位，都會很早就情竇初開，而感情模式就像情人一樣。

此張命盤主人就存有這種意味，當田宅宮丁宮干化巨門忌入夫妻宮，又加上文曲生年忌成雙忌，家庭生活的確是少了夫妻之間該有的生活情趣，就像老夫老妻一樣制式化生活，也說明另一半也會是個不懂情趣的人。

遷移宮自化祿，外緣不錯，也喜歡在外逍遙，也因個性少原則，無自主性，容易受外在的人、事、物影響而不自知。自化祿宮位最怕他宮同星曜化忌來夾，產生祿忌成雙忌不協調而埋怨或不滿。

遷移宮庚宮干太陽自化祿，遭夫妻宮甲宮干化同星曜太陽忌，追忌入遷移宮夾，防被異性利用而不自知。

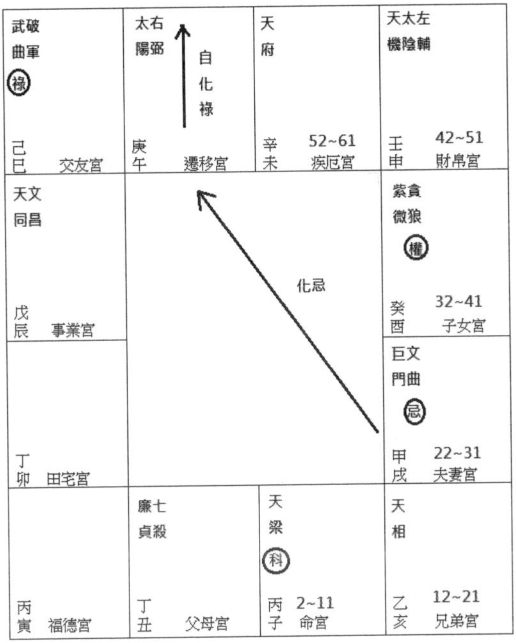

命宮跟福德宮兩宮位雙化桃花曜廉貞忌到父母宮，是會傻乎乎付出感情，遇人不淑。

命宮、疾厄宮、福德宮化出桃花曜廉貞星忌跟貪狼星忌都會有對感情專注與執著的一面，證明此張命盤主人也是會專一對象。

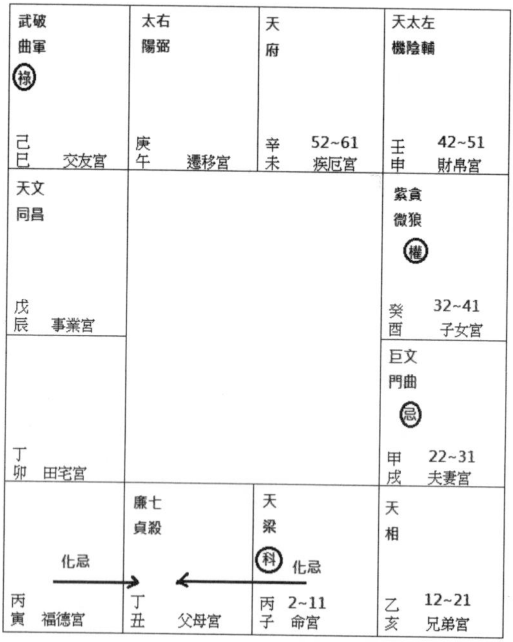

當命宮跟福德宮化廉貞忌到父母宮時，需再度轉忌到下一宮位釐清事由，當轉忌到夫妻宮時，我們可以發現命盤主人對於異性是會有感情上的執著，需再追究探由下去會是產生何種現象，我們發現可再由交友宮與田宅宮追忌入夫妻宮，經由追忌然後再度

轉忌，田宅宮跟父母宮雙化巨門星暗曜入夫妻宮加上夫妻宮原有的文曲生年忌，紫實五忌又轉忌入遷移宮。

父母宮忌入夫妻宮會有不正常、問題婚姻感情，再加上以上種種現象，田宅、夫妻跟遷移父母串聯多忌壞了事，夫妻的破也怕遇到巨門忌跟文曲忌，這是會有戶籍上的問題，據命盤主人曾說年輕時曾有過一段異國婚姻假結婚，因命主性格宮雙化天同祿到表象宮，有著寬容胸襟好脾氣與個性，事後也因憐憫對方竟然產生情愫。

人的一生中總是會有做錯決定的時候，不管是選擇伴侶或轉換工作跑道等等，每個問題的產生都是磨練的機會，讓我們以開放的態度來面對眼前困難。培養能力的方

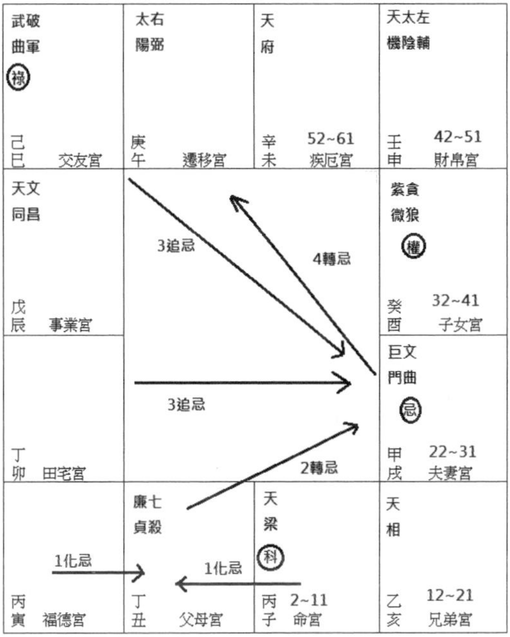

法，就是給機會一個機會，機會不是不來敲門，而是有時誤將黃金當糞土，讓機會在無意間擦身而過。

也希望大家都能找到優質的另一半，都能開心地度過美麗浪漫情人節！

【第七節】女人的通病就是愛買，是受福德宮影響嗎？

常言道，你若盛開，蝴蝶自來，你若精彩，天自安排。這是一句經典名言，敘述有兩個人都很喜歡蝴蝶，其中一人便買了全套裝備準備抓蝴蝶去，滿頭大汗抓了幾隻蝴蝶，而蝴蝶在網子裡掙扎，絲毫沒

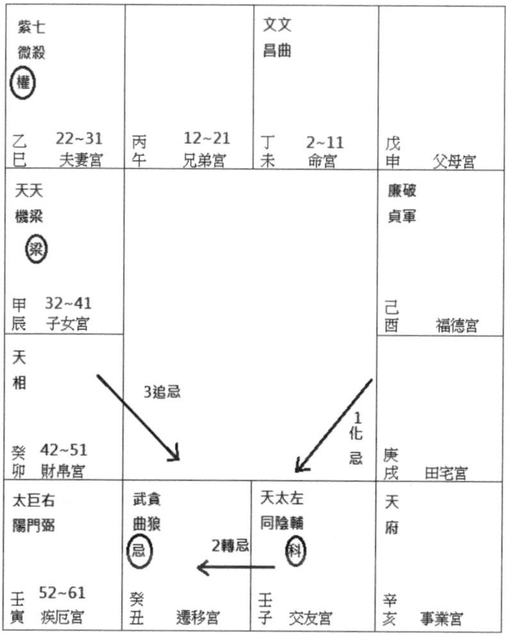

有美麗可言，一有機會便飛走，這就是不辭代價追求而來的效果。

而另外一人，卻是買來幾盆鮮花放在窗台，然後靜靜坐在沙發上品茗悠遊自得，欣賞蝴蝶翩翩而來，這叫吸引。吸引是完善的自我，是順應自然法則，無須刻意去追求與強求。

人生也是如此，不要刻意花時間去巴結一個人，寧願用暫時沒有朋友的時間，來充實與提升自己的能力，等到時機成熟時，自然就會有一批朋友與你同行，用人情做出的朋友只是暫時，用人格吸引來的朋友才是長久。

此張命盤主人是位充滿魅力的女人，父母宮（表象宮）化戊宮干貪狼祿到遷移宮不只會有長相漂亮的一面，也會自然散發出一股令人無法擋的吸引力，貪狼祿是一顆桃花曜，桃花曜飛祿入形於表的宮位，當然會桃花氣質形於表，輕而易舉不費吹灰之力，永遠不怕沒桃花，也因到遷移宮又自化忌出影響，花開了又謝，花謝了又開。

父母宮是相貌宮與形象位，桃花貪狼曜由父母宮化祿到遷移宮，當然會有想把自己打扮得漂漂亮亮，在裝扮之餘不免就需花費金錢囉……

田宅庚宮干化天同忌入交友宮，又轉忌入遷移宮，田宅在十二宮中是第一大庫位，庫位破當然會產生退財現象，人生也會多起伏，容易搬遷或住在較偏僻的地方，家族人氣也不旺。

當轉忌到遷移宮，又遇武曲生年忌紮實一忌，額外又飛來財帛宮追忌入遷移宮，財帛宮化貪狼忌入遷移宮，常口袋鈔票與自己不親，總是在迷糊中不知不覺在外面花費掉。三忌忌沖命宮，真是跟金錢過意不去，無緣……

福德宮位己宮干化文曲忌到命宮，會是庸人自擾與少了智慧，當又從命宮丁宮干化巨門忌到疾厄

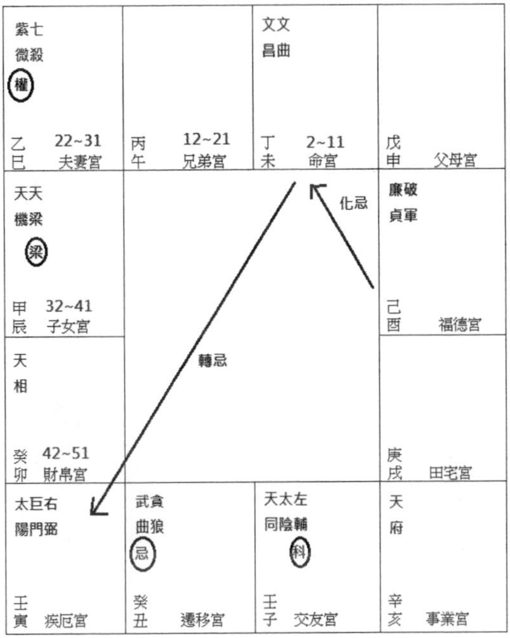

宮，真是標準職業婦女的命，閒不住。

命盤上諸種現象，呈現出此女愛美與愛買現象，是不足為奇，其實我給的建議便是很多事如這句名言，你若盛開，蝴蝶自來，你若精彩，天自安排。不需刻意去追求打扮花錢，把這些打扮的額外花費存下來當老本，以備不時之需。

命主命盤上的優勢自然而然會吸引到桃花，不會因為少了裝扮而減了桃花，需充實的是心靈方面的涵養，若又能動動小腦袋，把命盤上的優勢桃花轉為貴人財，例如賣男性用品等等，絕對會是幫命主的命盤加分。

女人總是愛逛街買衣服、鞋子、化妝品，這好像都是一般時下女性必備的習性，簡單說就是愛買而已，衣櫥永遠總是覺得缺少一件，尤其是遇到百貨公司週年慶打折更是為之瘋狂！

女人的通病本就是愛買與愛美，絲毫不會因為福德宮有生年忌而受影響，福德宮有生年忌，因為忌沖財帛宮的關係，所以會有為了享受、內心不滿足，敢花錢（財帛宮忌出）的現象，我發覺女性好像幾乎都不需受福德宮生年忌影響，只是有忌就花多、沒忌就花少而已。

愛自己的方式不是只有外表的裝扮，並且把一堆名牌擺在身上裝飾，再畫上會勾引人的妝，因為吸引來的都可能只是短暫的愛戀與快樂，真正的快樂是發自內心與心靈上！

美是可以從身體內自然散發出來，自然呈現在臉上與身體，即使不化妝也是充滿知性美；美女，相信妳一定會做得到，加油！

【第八節】大桃花星貪狼、廉貞魅力所在

女人花……

片段歌詞，女人花　搖曳在紅塵中　女人花　隨風輕輕擺動　只盼望　有一雙溫柔手　能撫慰　我內心的寂寞　女人花　搖曳在紅塵中　女人花　隨風輕輕擺動　若是你　聞過了花香濃　別問我　花兒是為誰紅

巨門 丁巳　父母宮	廉貞　天相 戊午　福德宮	天梁 己未　田宅宮	七殺 庚申　事業宮
貪狼 (祿) 丙辰　5~14　命宮	化忌	轉忌	天同 辛酉　交友宮
太陰　左輔 (權) 乙卯　15~24　兄弟宮			武曲 壬戌　遷移宮
紫微　天府 甲寅　25~34　夫妻宮	天機　文昌　文曲 (忌) 乙丑　35~44　子女宮	破軍 甲子　45~54　財帛宮	太陽　右弼 (科) 癸亥　55~64　疾厄宮

愛過知情重　醉過知酒濃　花開花謝終是空　緣份不停留　像春風來又走　女人如花花似夢……

多少女人無不渴望像花一樣美麗，卻不希望像花一樣脆弱受傷害，多情總是容易受傷害，既期待又怕傷害。在每一段賭氣關係下，其實都隱藏著渴望被理解的心，我們都希望是被尊重與捧在手心愛護疼惜，當我們無法處理好自己的情緒，就容易把這情緒投射到別人身上，不僅自己受傷連帶也傷害到別人。

尊重自己的需求不是壞事，但彼此的親密連結關係是不能建立在什麼事都是理所當然下，良好關係是需要互相與敬讓才得以維繫，而不是一直愚昧委屈自己跟對方妥協，因為我們都有追求幸福的權力……

在命盤上命宮、疾厄宮、福德宮若是坐落貪狼生年祿或廉貞生年祿，或者這三宮位宮干是戊宮干飛出貪狼祿，甲宮干飛出廉貞祿，總是存在著多情個性種子。此張命盤主人，感情是她生命中的全部，渴望如女人花一樣是被捧在手心細細呵護疼惜。即使是一次又一次被傷害，當遇到新戀情時還是滿懷希望，早忘了曾在上一段感情中傷痕累累。

命宮化廉貞、貪狼的忌，會有酒色財氣的癖好，飛化忌到享受宮位福德宮，忌沖財帛宮，會因喜好貪杯與追逐高檔享受跟現金無緣。此命盤中命宮化廉貞忌到福德宮，又轉天機忌到子女宮，又遇紮實天機生年忌。這天機生年忌有時真是有點小討厭，是那種遇到事情，腦筋會呈現小打結，又有些無厘頭思想。

命宮丙宮干化廉貞忌到福德宮，藉由福德宮位戊宮干轉天機忌到子女宮，凡宮位由第一宮化忌到第二宮，勢必轉忌到第三宮，才能得知前因後果，第三宮需再由其他宮位追忌進來，再次深入了解是由哪些事因共同造成此次事件的發生，是否會是造成壓倒駱駝的最後一根稻草。

繼續探討源由田宅宮追文曲忌，交友宮追文昌忌到子女宮，子女宮有了其他宮位追忌進來，才得再度轉忌，當再度轉忌到兄弟宮又逢自化忌出，此種組合，真是嚴重影響到命盤主人在花錢上無法節制，貪圖享受在金錢上大肆揮霍……

田宅宮己宮干化文曲忌入子女宮，直接忌出到對宮，是會大筆花錢，退財象，人生多起伏。兄弟宮自化忌出也會造成漏財，交友宮也追忌到子女宮與多宮串聯，此交友宮也是造成讓命主花費金錢其中原因之一。這就是為何飛星紫微斗數需要藉由他宮追忌進來串聯，可以探討構成某件事件的來由與動機，是自己所為或是他人引起。

遷移宮自化忌出，在社會處世應對上，會少了智慧判斷與亂無章法行為。當形於表的宮位自化忌出，會少了防人之心，也會濫交遊與不記取教訓，更是不會在乎別人對自己是採取何種看法，也因我行我素的行為，為自己人生帶來些許錯誤判斷與選擇。

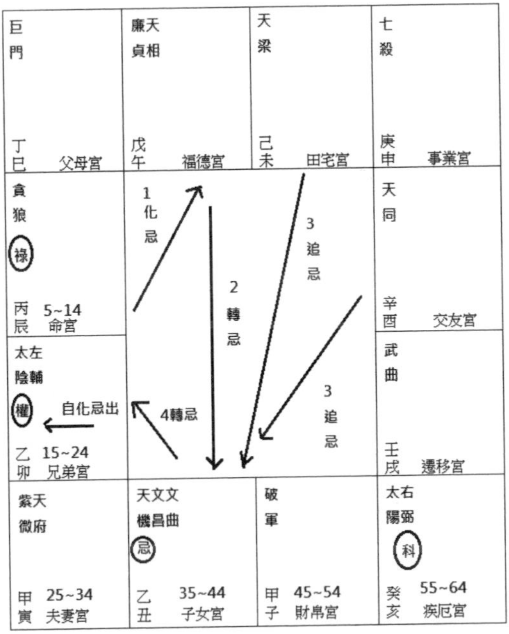

每張命盤總會存在一個課題，等著命盤主人體悟記取教訓，直到命盤主人深深醒悟，不再覺得是傷痛，也不再覺得是影響自己的問題，那就可以恭喜命盤主人通過老天安排考驗，在人生旅途學習成長路上又邁前一大步。

【第九節】太陰生年忌的力量

好莫名，就是這麼無法來想像這樣討厭的感覺，太陰星又加上生年忌，這麼紮實的力量，又是坐落在女生命盤的疾厄宮上，就是擺明有月事方面需要調整與注意的問題，福份夠就能早期發現早期治療，而有些當已經發現問題時，月事已完全沒來了，怎麼治療就是跟

天機 文曲 祿 辛巳 父母宮	紫微 科 壬午 福德宮	左輔 右弼 癸未 田宅宮	破軍 甲申 事業宮
七殺 庚辰 命宮	太陰應於人身是月事、眼睛、皮膚問題。		文昌 乙酉 交友宮
太陽 天梁 權 己卯 兄弟宮			廉貞 天府 丙戌 遷移宮
武曲 天相 戊寅 夫妻宮	天同 巨門 己丑 子女宮	貪狼 戊子 財帛宮	太陰 忌 丁亥 疾厄宮

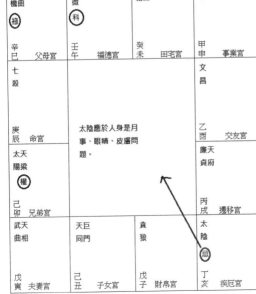

命主耍脾氣完全不來了……

這天生的四化課題真不容小看，一開始就像種子發芽一樣，存在土底下隱藏的危機，等著時間一到冒出頭，把我們狠狠的打一拳，我們要如何面對這既定發生的事實，也著實在在考驗我們的智慧。

有些人一遇到事情就哀聲哭嚎，開始怨嘆老天為何如此不公平，有些人則是眼淚擦乾，繼續面對現實環境中的挑戰，每個人在面對命盤上諸多考驗時，會用不同的情緒表達方式，這跟命盤上的情緒宮位（命宮、疾厄宮、福德宮）表達、智商宮位（父母宮）、情商宮位（遷移宮）息息相關。

近年來受環境不景氣低迷影響好多人罹患憂鬱症，或是承受工作、家人、感情等等壓力，再加上生活中這些家人、朋友總是認為我們該是理所當然付出，尤其是在對方不懂得珍惜情況下，必然會產生無力感，時而焦慮、時而不快樂的負面情緒，好多人還因此罹患憂鬱症。

會覺得理所當然的人，是因為不懂得感恩底下存在的真實意義，當這群人圍繞在我們身邊，都還在享受我們理所當然的付出時，我們只要告訴自己，我們比他們幸福，因為我們懂得付出，施比受更有福，快樂來自於我們出自內心的關心他人；並且告訴自己沒關係，一切都沒關係，凡事多看美好的一面，換個美麗的眼光來看這世界，好與不好都只是在一念之間。

每個人都有能力決定影響自己快樂不快樂的因素，只要自己願意做小小的改變，就會是改變的起點，因為……在看世界的態度與角度操之於自己；以心理學的實證研究，一個人快不快樂，有百分之五十是由基因(遺傳)決定，有百分之十是由境遇(例如升遷、加薪、中獎等)而起，最後百分之四十是我們的心態決定了我們快不快樂，而這僅存的百分之四十也是我們可以掌握的關鍵。

我們都會有不快樂的負面情緒，這時我們都該勇於接受而不是壓抑，人生不需十全十美，有時也需接受自己不完美勇氣；生活是一種態度，必須打破習慣的制約，用不同角度去觀察，時時察覺問題。踏實生活是一種本能，好好生活是一種適應性，追求更好生活，是創造在工作和生活之間取得平衡。提升自己學習過著慢活生活，適時調整腳步，工作之餘也可以選擇運動幫自己紓壓，養成一個好習慣是非常不容易，壞習慣的養成卻是輕而易舉揮之不去。

情緒在面對事情難關時也佔據蠻大百分比，因為情緒它會影響到當下如何做決策，不能掌控自己情緒的人，遇到事情總是歇斯底里、一副得理不饒人，而這樣的人在處事應對上或在職場上，應該很難身居重任。有時我們的心偶爾也會像無理取鬧的小孩一樣要耍脾氣，就學著調適收服我們的心不跟著無理取鬧。心若是不自在開心，即使在優渥環境或高級餐廳，也無法感受幸福感；心若是自在，即使是一個饅頭也能吃得津津有味感到幸福，真正的幸福取決於自己的心，讓自己的心變舒服，無論身處任何環境，我們都會覺得幸福滿足，幸福是掌握在自己手上。

在生命中總是無可避免沮喪、改變、環境問題、恐懼感、失落…等等問題。在面對一系列人生的挑戰，只有改變態度進而改變人生，生命轉彎處，仰賴的全是態度，因為態度決定高度。在面對命盤上既定的人生課題，我們只有用更堅定的意念，逐步面對解決命盤上的問題點並從中學習，改變視野將會發現世界上還是充滿希望。

【第十節】命格差，人生就真的別無選擇了嗎？

此命盤上遷移宮，辛宮干化文昌忌入命宮，容易在外面產生是非，在工作上遭誣陷或者不名譽事惹禍上身，在人與人相處上不善攀緣、也不喜逢迎看人臉色，當再度轉忌入福德宮，也就格外讓命主覺得心煩。太陽生年忌也在命宮，人

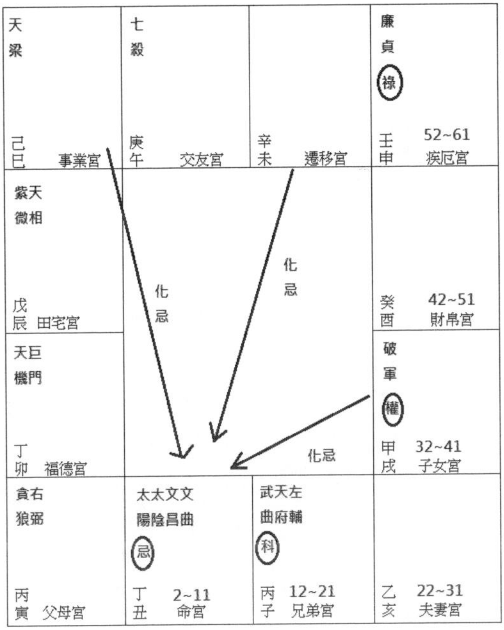

生就是多了點煩心苦事，也會固執難溝通，遇到事情較無法分辨是非，當再度轉忌到福德宮，還是會在情緒上揪心。

子女宮忌入命宮，不適宜合夥；事業宮忌入命宮，工作是不得不做，沒得讓命主有喘息機會，當格局不高時，在工作層次上不會是有制度模式，讓命主有晉升階級的機會。

田宅忌入福德，容易家宅不安寧，福德宮也自化忌出，耐性不足容易有莫名的煩惱，命宮忌入福德宮會重視享受與固執，這麼多忌(煩)事入命宮，真是人生顛沛。

天梁 己巳 事業宮	七殺 庚午 交友宮	辛未 遷移宮	廉貞 (祿) 壬申 52~61 疾厄宮
紫微 天相 化忌 戊辰 田宅宮			癸酉 42~51 財帛宮
天機 巨門 自化忌出 丁卯 福德宮			破軍 (權) 甲戌 32~41 子女宮
貪狼 右弼 丙寅 父母宮	太陽 太陰 文昌 文曲 (忌) 丁丑 2~11 命宮	武曲 天府 左輔 (科) 丙子 12~21 兄弟宮	乙亥 22~31 夫妻宮

命宮的祿看似樂觀好相處，也被夫妻宮化同星曜的忌吃掉，好不容易的一顆祿（好處）也被夾走，好像好不容易排隊排到美食，開心得想要好好獨享時，卻因為欣賞的另一半說她也想吃，那也只能默默承受忍住不吃，把整盤美食獻給另一半，而這樣的心思對於命主本身是歡喜做甘願受，但對於另一半的心思，卻認為這樣做是理所當然，不會覺得感恩。

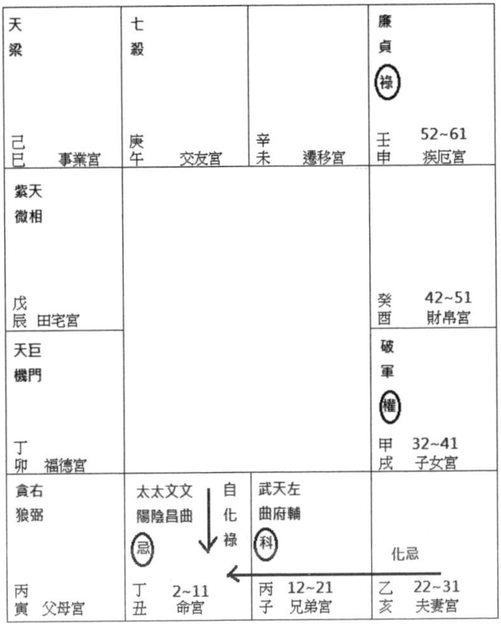

在面對像命主如此處境，難道就應該向命運低頭，任由命運擺佈安排嗎？是否就覺得人生沒有任何希望呢？

人生就像一種挑戰遊戲，想生存就要勇於挑戰，遇到困境就要勇於面對與突破，不向前一步就永遠卡關，每個人都有努力生存下去的動機與動力，不該輕言輕易放棄，人生最好的生活便是隨心、隨興、隨緣、隨遇而安，想把生活活得精彩萬分開心與否，也是在自己一念之間。

在量秤上的一邊是知足，知足裝著開心、寬容，總是樂觀面對生命中的每件事，在量秤的另一邊是不知足，不知足裝著貪婪，對於凡事都感到不滿足，總覺得所有人對不起他，事事不公平。不知足是人最原始的心理需求，知足則是理性思維後的開通，知足是一種境界，對我們許多人來說，貪婪是發生禍事的原因，知足就不會有非分之想，為何會不知足，其實都是慾望的驅使，是幻想的衝動，是不切合實際的索取，喜歡未必要真實擁有，強求得來的果並不甜美，還會令自己身心疲憊不堪。

因為不知足產生慾望想擁有也是一種虛榮心的表現，心理學上認為虛榮心是一種常見的心態，虛榮心是為了取得榮譽與達到吸引周圍人注意，所表現出來的一種不正常社會情感，是自尊心的過分表現。每個人都有自尊心，虛榮心較強的人就會為了自尊打腫臉充胖子，虛榮心理與戲劇話人格傾向有關，在人格上就會產生自負、嫉妒心重、衝動，對於情感會有強烈反應，存在著自卑等深層心理的缺陷，會以炫耀誇張突出自我來掩蓋，最終會產生的後遺症是因為害怕失敗所以不定時活在恐懼當中，常常沒有安全感，慾望永遠無法滿足。

【第十一節】

引用弄權一時，淒涼萬古

在看了菜根譚的書時，書裡有一段「棲守道德者，寂寞一時；依阿權勢者，淒涼萬古。達人觀物外之物，思身後之身，寧受一時之寂寞，毋取萬古之淒涼。」突然讓我想起這張命盤主人當時的情境。

一個固守道德的人，雖會因一

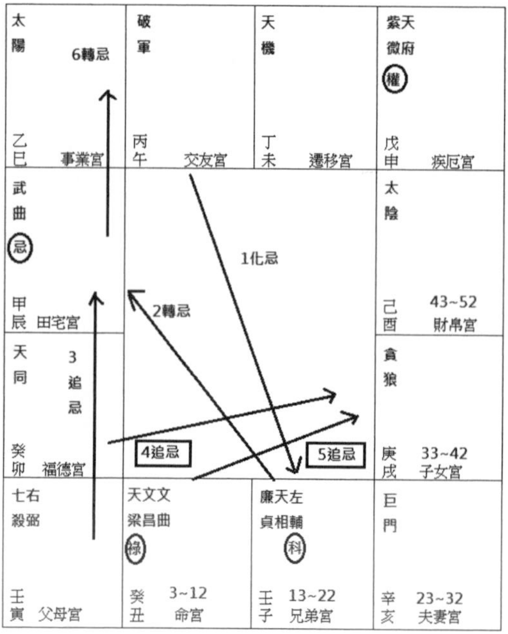

時寂靜沒有什麼作為，但情願承受一時不得意默默無聞的生活，也不願為了強求名利不擇手段，因為當擁有了名利，卻也失去了人格。一個達觀的人，是能擺脫物質生活的誘惑，是能獲得心靈上的安慰，這種心靈上的快樂，是沒有人可以搶走的。

古人曾說：世上最尊貴的莫過於道，最善的莫過於德。當一個能遵守道德的人，人格也會高尚，會被人所尊重敬仰。

一個人若是攀附、巴結權勢、濫用權力坐享其成，即使擁有人人稱羨的地位、華衣美食，終究會如泡沫一般短暫美麗，更是招致萬古惡名，得不償失。要懂得珍惜羽毛，把握得來不易的資量，前人辛苦種樹，別搞得樹木枯死，最終落得連後人也無法乘涼。

每個人來這世上都有著存在的價值，上天賦予我們生命，是要讓我們活得更有意義。而這生命的軌跡也一一浮現在我們的命盤上，我們要如何活得精彩，是可以經由後天努力改變而來，心理學家阿德勒曾說，其實並不是不能改變，而是自己決定了不改變。

命盤上的十二宮位比例也總是有高有低，在在呈現命盤主人會對某宮特別付出、執著、關愛，而這樣的比例是好是壞也沒有絕對，因為好跟壞永遠是對立，而每個人心中的那把尺也永遠不一樣長。

這張命盤主人在出獄後，沒有好好珍惜朋友對他的資助，執著在自己的喜好，最終還是因為染毒而喪失生命，交友宮化廉貞忌到兄弟宮再藉由兄弟宮的壬宮干轉武曲忌到田宅宮，會誤交損友被朋友牽引走錯路，引狼入室劫庫，又遇田宅宮坐武曲生年忌，父母宮又追忌到田宅宮，再加上命宮與福德宮化忌到子女宮，在這條子田線上形成兩頭見忌又5忌，再加上生年忌與命忌紮紮實實兩忌，在這33~42歲的大限肯定是不好過關……

個性終究是決定命運大半人生，可以冷靜思考的人在處事應對上都較不會出差錯，不會因一時衝動失去理智，而做出傷害他人行為，或者是做出不當的判斷與決定，為自己帶來危機。一時的風平浪靜不代表平靜，更是要時時警惕自己不可粗心大意，當人生處在高處與巔峰時，更是要懂得謙卑、謙卑、再謙卑，更要珍惜得來不易的果實。否則真要應驗弄權一時、淒涼萬古……

【第十二節】事業宮沒巨門星，為何是靠嘴工作賺錢？

有人常會問我，我該做怎樣的工作？我考試考得過嗎？我該離婚嗎？這些種種問題在命盤上又該如何下手呢？我的方式會先著重在本命靜盤上有何先天優勢，何謂靜盤？靜盤也就是還沒經過時間轉動

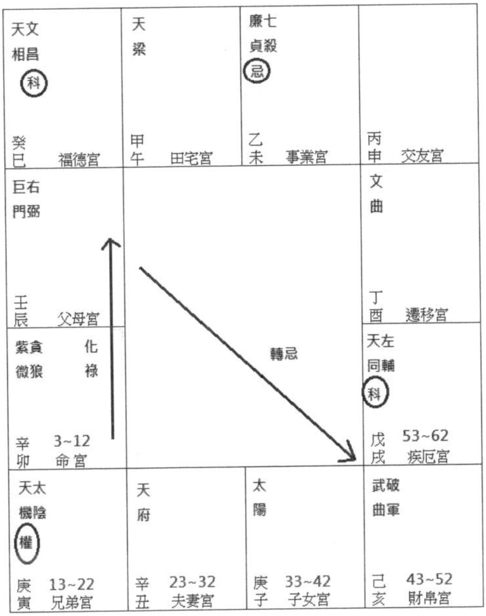

前的天盤。本命靜盤上會發生的事，一經時間點相應，才會落實發生在現實環境當中，靜盤上沒有機會發生的事，何以流年會發生？除非剛好運氣好，瞎猜瞎中。

今年丁酉年，丁的四化落個巨門忌，就說國運是非多，真是說得太讓人敬佩，我們國家哪一年沒有是非？那照理說巨門坐命的人生，不就今年也活得很慘……真要來好好訪問一群巨門坐命的，你們真的過得很糟糕嗎？據我認識的其中一位，過得挺好也不需工作。

每個人都有自己專屬的生命藍圖，有自己的功課要面對，有自己的人生要過，此張命盤主人事業工作坐廉貞七殺又沒巨門星，為何能靠嘴吃飯呢？那就先看看此張命盤主人在命盤上有何優勢，再加上個人喜好下去論斷。

每個人都不喜歡做自己不喜歡的事，或被強迫做討厭的事，每個大運階段心性都會隨著環境而改變，而這些因素都是我們必須幫命主列入考量的方向。

像此張命宮化祿入父母宮嘴巴甜，句句說入對方心坎裡，看起來也一副聰明相，有長輩上司緣，有禮貌，也利升遷考證照公職，轉忌到財帛，就也會有命宮化祿到財帛的意思。命宮化祿到財帛：與錢有緣，對金錢容易滿足少計較，像這種與現金有緣的適合業務銷售。與父母也相處不錯（財是父的疾）。

*父母化科入疾厄：修養不錯。

*命化科入遷移：高雅、秀氣。

財帛宮自化祿手頭方便少理財觀，容易花費（被父夾），轉忌到遷移宮表示這個人是靠嘴巴賺錢，也容易讓人覺得這個人挺會賺錢，但賺不賺錢，還是要看田宅宮有沒有破格。

遷移宮化祿到兄弟宮際遇好，賺錢機會多、八方來財，社會資源

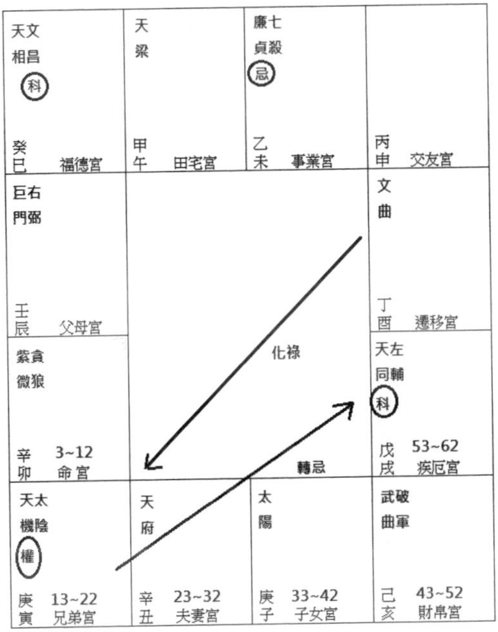

帶來好處，福厚、有病得貴人，轉忌到疾厄宮在外是快樂驛馬，機會賺錢，身體是越忙越開心。

遷移宮的祿或祿轉忌到情緒宮位，都是喜歡旅行、愛玩。福德宮的祿或祿轉忌到遷移宮則更是喜愛往外跑、外向愛玩。有些人適合一板一眼的文書辦公室，而有些人就不適合坐辦公桌，喜歡自由自在到處跑業務型，從以上諸多現象，命主是很會說話也喜歡到處跑，非常適合當業務公關人才。

雖沒巨門坐事業宮，卻還是靠嘴巴吃飯業務公關人才，所以說論盤不能只以某宮或某星曜直斷，論盤要靈活運用。

【第十三節】天生我材必有可用之處

在日常生活當中我們總是覺得缺少某些元素，感覺錢不夠用，即使有了還要更多……感覺愛情不踏實，因為總覺得他（她）好像不夠愛我，感覺親情不溫暖，父母不順我意，感覺朋友、同事排斥我，不接受我的意見，就因為好多好多的

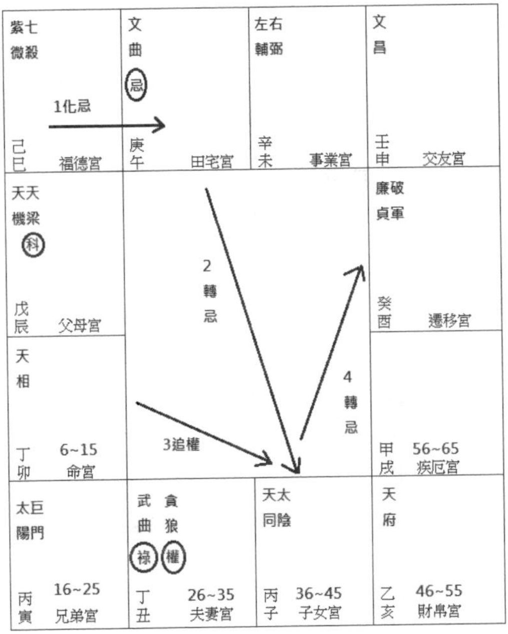

不夠與缺少，而為自己的情緒帶來不開心影響。

滿心期待別人對自己的肯定，就因為看到他人的成就而產生自卑的心理，這些種種人際交往，都會是造成我們不開心的緣由，這些過去的傷痛、經驗，不應該成為我們前進的阻礙。

心理學家阿德勒曾說，自卑是人類追求卓越的正常心態，因為感到自卑，所以人們才會想要努力獲得更好，重點不在於自卑，而是要將自卑轉化為追求卓越的動力。即使我們經歷過悲傷或是難過的經驗，也不要一直困在心裡創傷之中把創傷當作藉口，而是該賦予經驗意義引導我們繼續前進。

要相信我們是非常幸福的，因為我們都有追求幸福的權力與能力，要對自己的生命存在感到非常有意義，而不是輕言放棄，更不是活在情緒勒索關係下。在種種緊繃情緒下不懂得逃離，只會把自己淹沒在負能量情緒中無法自拔，一旦生起負面的解讀、自我便扭曲事實，就不再收容得下別人的稱讚與關懷。

像此張命盤主人，福德忌入田宅可能因自身對家庭的關心，表達方式較過於嚴苛，而造成反效果，讓家人會有所反彈，雖出自於無心但聽者有意，而文曲化忌則會有嘮叨、口吃現象，當轉天同忌入子女，跟子女或晚輩會有溝通上不協調現象，加上命宮也化同星曜的權入子女，可見命主在管教小孩或晚輩會霸道，凡事都必須聽命主。

最終又轉忌入遷移，可見在管教上，行事作風較專制，難有商量餘地，這純屬個人在個性上某方面的執著點，並不代表這個人無可取之處，因為他還是有一顆服務大眾熱忱的心，幫神明做事、服務大眾。

有人會把自己人生比喻成地上爛泥，殊不知這不起眼的泥巴，是可以經由捏陶塑造成美輪美奐形狀，當上天賦予我們一張命盤一個角色，要我們從這角色體悟與學習人生，即使每個角色不是盡善完美，我們卻是可以幫自己塑造成自己要的樣子，千萬別低估自己的能力。

菩薩是慈悲的幫每個人安插在個人專屬位置上，每個人都有他可用之處，每個人都該懂得讓自己精進，不浪費生命，懂得愛自己與愛人，天生我材必有用……

【第十四節】你還在跟情緒鬧脾氣嗎？

情緒時時會跟我們鬧脾氣，在這當下當有人問你，你開心嗎？幸福嗎？你會有什麼答案呢？還是不知道怎麼回答呢？

情緒還真的是影響思考的重要因子，從思維、感覺跟行為之間的關係來探討，情緒的力量最大，情

巨門 自化忌出 丁巳 22~31 福德宮	廉貞 天相 戊午 32~41 田宅宮	天梁 己未 42~51 事業宮	七殺 庚申 52~61 交友宮
貪狼 文昌 (祿) 丙辰 12~21 父母宮			天同 辛酉 62~71 遷移宮
太陰 右弼 (權)(科) 自化忌出 乙卯 2~11 命宮			武曲 文曲 自化忌出 壬戌 疾厄宮
紫微 天府 甲寅 兄弟宮	天機 (忌) 乙丑 夫妻宮	破軍 甲子 子女宮	太陽 左輔 癸亥 財帛宮

緒影響著我們每一天每一個小小動作，以及在生活瑣事中的決策，能否控制與平衡自己的情緒是非常重要，能夠掌握情緒，才能掌握命運。

曾有一位精神醫學界的權威，加拿大蒙特利奧大學的教授芬斯．謝利葉博士說：心理的斯特勒士（心的沉滯、歪曲、異常的痙攣）為一切疾病的根源，懂得把這些歪曲之心的念頭轉移，試著用文字抒發化解或以感謝的心轉移，將開心、正面能量帶入我們生活中，這都是在幫自己創造命運。

在面對人生旅程，總是在不斷面對過去的傷痛，也在學著如何寬恕與放下，一旦人與人之間的關係卡住了，便會覺得孤立無援，做什事都無法起勁或改善。當有人批評、嘲笑時，我們更是把這些感受壓抑在內心，而這些負面情緒就這樣不斷累積，累積到身心無法負荷，而怨恨、批評、內疚、恐懼更是我們生活中的四種壞習慣，在我們的身體和精神上造成很大的問題。

也因慣有的習慣總會讓我們失去思考的源頭，失去判斷能力，這跟我們命盤上的情緒宮位命宮、疾厄宮、福德宮坐忌或者自化忌出有影響嗎？

其實不只這三宮情緒宮位有影響，遷移宮跟父母宮行為表現宮位，也是我蠻注重的兩個宮位，忌多當然會有較執著或鑽牛角尖，也較容易沉溺在自己的意見、想法及偏見中，在這樣的意念下，會令自己看不清眼前的真相，心也漸漸迷失與慌亂。

我們都會選擇性地想聽自己想聽的話，而遺漏忽略那藏在虛假甜蜜語言下的箴言，當一個人能誠實面對自己的感知態度改變時，就再也不會把所有問題當作是問題，也會改變面對挑戰與機會的方式，而現實中的情況也會因此而改變。

命宮自化忌出—做事做人少了堅持，少了原則，少了冷靜智慧判斷，也容易不會記取教訓。疾厄宮自化忌出—情緒起落反覆，因耐性不足慌亂而少方向感。福德宮自化忌出—多愁善感、看心情決定事情，也因心情不定耐性不足，少堅持、少原則。

父母宮自化忌出—不注重形象外表，不善表達、實話直說，容易因率直個性失了禮節，少了氣質壞了形象。

遷移宮自化忌出—幼稚、處世應對少圓滿，少了防人之心、濫交遊。

人與人之間的相處，有時會因自己善良的個性一時看錯人，把感情看得太重就一直傻傻地相信人，不會記取教訓。在這人際關係中，總是因為怕得罪人、怕被人討厭而至始至終不敢說出真心話，不敢唱反調，弄得自己原則盡失，搞得別人也覺得你做作。

老是想尋求別人的認同，在意別人的評價，到最後過得就是別人的人生。

如何才能活得幸福呢？那就是別為了他人的期望而活，不用怕被討厭、勇敢說不，勇敢追求自己真實想法，懂得發揮自己存在的價值。

當命盤有這些宮位自化忌出，著實要好好省思如何改善，畢竟自化就會有不堪一擊、少了堅持無法持久的結果，這時就是考驗自己的心性，要如何與這些情緒惡勢力對抗，幫自己人生早早做規劃安排。

【第十五節】紫微斗數跟心理學會有何聯繫關係？

在現今社會裡，人想要在這危機四伏環境中求生存，在精神上無時不處於緊張備戰狀態，為了適應工作上各種挑戰與變動，就容易在身體上呈現出情緒緊繃、焦慮，有些人會因為焦慮而藉由吃來紓解這莫名的壓力，然後身材就一發不可

紫微 七殺 癸巳 12~21 父母宮	甲午 22~31 福德宮	乙未 32~41 田宅宮	丙申 42~51 事業宮
天機 天梁 (權) 壬辰 2~11 命宮			廉貞 破軍 (忌) 丁酉 52~61 交友宮
天相 左輔 辛卯 兄弟宮			戊戌 遷移宮
太陽 巨門 庚寅 夫妻宮	武曲 貪狼 文昌 文曲 (科) 自化忌 辛丑 子女宮	天同 太陰 (祿) 庚子 財帛宮	天府 右弼 化祿 己亥 疾厄宮

收拾，等到發覺不對勁時，身材就完全走樣了……因為我也曾經如此。

當初看到這張命盤時，實在是無法想像命主與身材能對照得起來，根本不成比例，疾厄宮化武曲祿到子女宮又逢辛宮干文昌忌自化忌出，沒得再繼續延伸追祿下去，祿也沒進到所謂發胖的宮位收藏，何來命主會如此胖得不像樣，如果我以曾經學過的學派來論這張命盤肯定踢到鐵板；當然每個派別總有它獨特的見解吸引人，在看盤上也沒有一定的定論，因為老師教的都是理論與方向，接下來就是靠個人日後琢磨；常言道：師父領進門，修行在於人。

最終，我把這張命盤歸咎於疾厄宮出了問題，紫微斗數每顆星皆有屬性與五臟代表，怒傷肝、思傷脾、憂傷肺、五臟失衡也容易引發自律神經失調，一旦在身體上某一器官稍有問題，其他身體器官也隱藏危機，怒傷肝、思傷脾、憂傷肺等等不都是皆由我們的情緒影響，唯有靠疏通經絡、平時養生作息調養五臟，幫身體傷害降到最低。

猶記得當時命主問我股票要怎處理，我回說賣掉吧！你的命盤狀況應是先把身體顧好吧！順道思想邏輯也該換換，因為我看到換這62～71大運身體會有突發狀況，從遷移宮立太極的飛化，多忌落在子女宮沖田宅。再加上命主的心理狀況也無法承受股票波折衝擊，針對此張命盤我能給予的建議便是如此，本命田宅祿入命不用擔心金錢，若一直貪戀金錢而忽略身體，身體沒了擁有再多金錢也是享用不到，命宮與疾厄宮並列一六共宗，沒了六（疾厄宮）還能算是完整的一個人嗎？

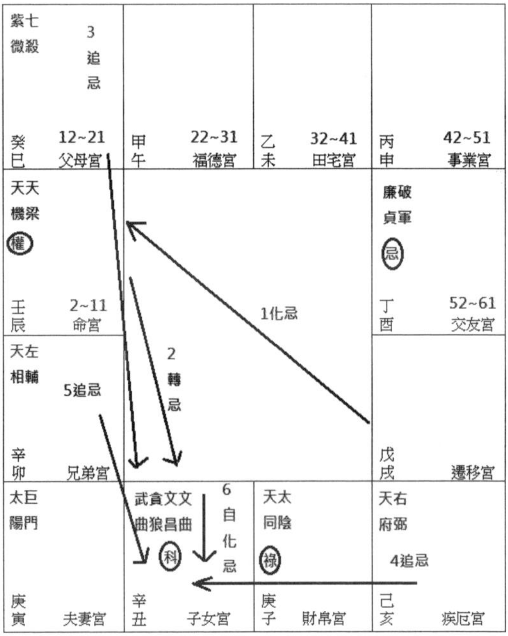

在我們生活當中其實到處都會跟心理學牽扯上關係，在人生的生涯規劃、人際關係、親子關係、男女之間愛情關係、職場上領導管理等等，皆會與心理學扯上關係，

這些關係也很均勻佈局在紫微斗數命盤上的十二宮位，我們只要疏忽這些對等關係的平衡，忽略了這些感受，一旦關係不和諧或經由挫折打擊，沒能適當幫自己調節心理，任由這些憂慮、緊張一日日的侵襲我們的內心，終究會引發心理疾病，而自己是沒有自覺能力發現這些問題的侵蝕。

當心理層面受到壓力威脅後，不自覺的連帶身心失去平衡，身體也會出狀況，一旦影響到負責協調身體器官的交感神經系統與副交感神經系統便會造成對身體機能破壞，心理壓力來自社會，最大問題是習氣，紓解心理壓力，提升免疫力，改善身體健康，身心是互動的。

曾有一位大陸學生問我，人性複雜到何程度，我回說：無法想……當初一開始接觸這位大陸學生時也帶給我一個很大的震撼，他跟我說，他發覺命盤上的問題可以經由心理輔導改善，也謝謝他一路上的陪伴與耐心改善自己，我也看到他越變越好，這樣的成果讓我很滿意，近期我會轉而投向心理學各方面的進修學習，原因與動力也來自於此，命盤上很多問題也來自於命主本身，的確，人性複雜到是無法想像的，祝福各位……

【第十六節】重新幫自己的下半場人生打造幸福

此命盤命宮化天機忌入兄弟宮，也會想創業想有所成就；天機主思想，想必命主是很有想法與頭腦在策劃著如何創業，轉忌到疾厄宮，凡事必定親身力為不怕辛勞。事業宮又追忌到疾厄宮，命主的工作鐵定忙碌，工作上的繁雜瑣事讓

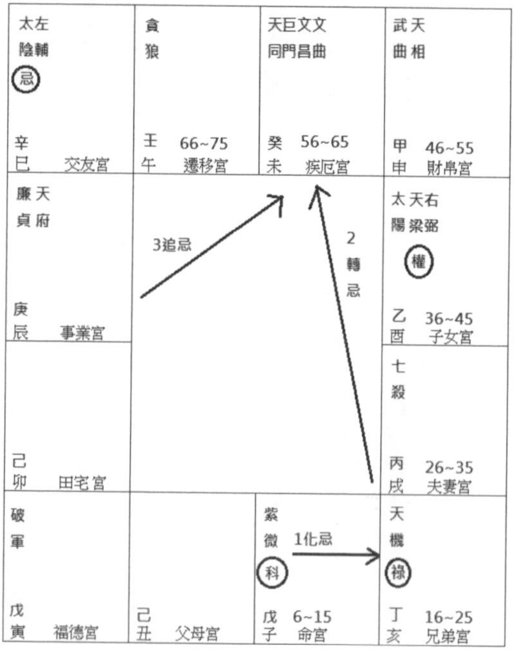

命主處於過勞，串聯多忌於疾厄宮然後落在遷移宮，你也可以解讀成命主工作環境場所是雜亂，而這個雜亂環境也是有目共睹，不是普通的亂。

那疾厄宮是身體，大家一定也會有疑問，是不是身體也出了狀況呢？是的，身體的確在即將換46~55大運時跟命主開了一個大玩笑，讓命主苦不堪言；但命主不放棄生命，把創業刻苦精神用在對抗身體病魔上，再加上本身疾厄宮是有福氣的，以疾厄宮立太極化祿延伸下去是有跟田宅宮（收藏宮）、福德宮（福氣）等串聯，身體還是

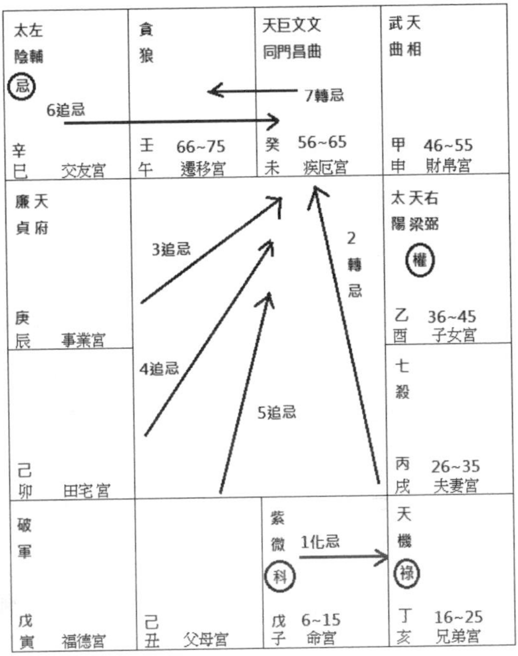

有福氣…

人生不過就是一個選擇與放棄的過程，如果每一次都要選擇成功不許失敗，誰願意失敗呢？如果面對一丁點失敗因而放棄曾經的努力，也忘記了一開始的初衷，那永遠就只能在人體的大腦中複製失敗的經驗，一直在重複如此失敗的動作。道理人人都懂，但總是在遇到事情時卻用不上，因為就是太習慣用大腦去思考，忘了靜心用心靈角度去看待。

當然我們都希望甚至是渴望成績會是滿分，在希望成績是滿分同時，是否有看看自己為這次的課題付出多少心血準備，尤其當我們的命盤不是那種天助型，隨便走在路上就會撿到錢，或是屬於那種平白無故會天上掉下禮物的那種人，怎麼辦呢？

無法天助……怨不得人，只好自助，自助是必須付出比別人更加倍的努力，一顆堅定不動搖的心，更是不可或缺的。孔子說：君子求之於自己，小人求之於別人。子曰：君子求諸己，小人求諸人；一個人想要成功，不能靠老天、靠別人，要靠自己付出與努力，只有自己付出才會得到成功，音樂家貝多芬失去聽力無法聽到自己彈奏鋼琴聲，慘重的打擊並沒有把他折騰得一蹶不振，反而釀造出藝術創作的頂峰。

有時生命中的視野就在無心插柳柳成蔭的緣起，勇於跨出自己已習慣的舒適生活圈，試著換上不同角度來了解這世界，將會慢慢發現這世界上還是有那僅存的幸福等著你。

此書內容是上課必備教材，命盤分析另外在課堂上補充，若有何疑問歡迎來電諮詢。

飛星紫微斗數陳雨慈部落格網址 http：//qqzahsoopp.pixnet.net/blog

演講與活動邀約上課諮詢可洽：

飛星紫微心靈諮詢達明工作室：04－24860139 台中市大里區達明路80號

行動電話：0988033755 陳雨慈

Line：0988033755

微信 qq0988033755

Line

陳雨慈
台灣 台中市

WeChat

國家圖書館出版品預行編目資料

幸福紫微方程式：解讀你的人生密碼／陳雨慈著.
－－第一版－－臺北市：知青頻道出版；
紅螞蟻圖書發行，2019.2
面　公分－－(Easy Quick；163)
ISBN 978-986-488-203-8（平裝）

1.紫微斗數

293.11　　107023677

Easy Quick 163

幸福紫微方程式：解讀你的人生密碼

作　　者／陳雨慈
發 行 人／賴秀珍
總 編 輯／何南輝
校　　對／周英嬌、陳雨慈
美術構成／沙海潛行
封面設計／引子設計
出　　版／知青頻道出版有限公司
發　　行／紅螞蟻圖書有限公司
地　　址／台北市內湖區舊宗路二段121巷19號(紅螞蟻資訊大樓)
網　　站／www.e-redant.com
郵撥帳號／1604621-1　紅螞蟻圖書有限公司
電　　話／(02)2795-3656（代表號）
傳　　真／(02)2795-4100
登 記 證／局版北市業字第796號
法律顧問／許晏賓律師
印 刷 廠／卡樂彩色製版印刷有限公司
出版日期／2019年 2 月　第一版第一刷

定價 300 元　港幣 100 元

ISBN 978-986-488-203-8　　Printed in Taiwan